情報工学レクチャーシリーズ

アルゴリズムとデータ構造【第2版】

藤原曉宏＝著

森北出版株式会社

情報工学レクチャーシリーズ

■ 編集委員

高橋　直久　名古屋工業大学名誉教授
　　　　　　工学博士

松尾　啓志　名古屋工業大学大学院教授
　　　　　　工学博士

和田　幸一　法政大学教授
　　　　　　工学博士

五十音順

●本書の補足情報・正誤表を公開する場合があります．当社 Web サイト（下記）で本書を検索し，書籍ページをご確認ください．
https://www.morikita.co.jp/

●本書の内容に関するご質問は下記のメールアドレスまでお願いします．なお，電話でのご質問には応じかねますので，あらかじめご了承ください．
editor@morikita.co.jp

●本書により得られた情報の使用から生じるいかなる損害についても，当社および本書の著者は責任を負わないものとします．

JCOPY 〈(一社)出版者著作権管理機構 委託出版物〉
本書の無断複製は，著作権法上での例外を除き禁じられています．複製される場合は，そのつど事前に上記機構（電話 03-5244-5088，FAX 03-5244-5089，e-mail: info@jcopy.or.jp）の許諾を得てください．

「情報工学レクチャーシリーズ」の序

　本シリーズは，大学・短期大学・高専の学生や若い技術者を対象として，情報工学の基礎知識の理解と応用力を養うことを目的に企画したものである．情報工学における数理，ソフトウェア，ネットワーク，システムをカバーし，その科目は基本的な項目を中心につぎの内容を含んでいる．
　「離散数学，アルゴリズムとデータ構造，形式言語・オートマトン，信号処理，符号理論，コンピュータグラフィックス，プログラミング言語論，オペレーティングシステム，ソフトウェア工学，コンパイラ，論理回路，コンピュータアーキテクチャ，コンピュータアーキテクチャの設計と評価，ネットワーク技術，データベース，AI・知的システム，並列処理，分散処理システム」
　各巻の執筆にあたっては，情報工学の専門分野で活躍し，優れた教育経験をもつ先生方にお願いすることができた．
　本シリーズの特長は，情報工学における専門分野の体系をすべて網羅するのではなく，本当の知識として，後々まで役立つような本質的な内容に絞られていることである．加えて丁寧に解説することで内容を十分理解でき，かつ概念をつかめるように編集されている．
　情報工学の分野は進歩が目覚しく，単なる知識はすぐに陳腐化していく．しかし，本シリーズではしっかりとした概念を学ぶことに主眼をおいているので，長く教科書として役立つことであろう．
　内容はいずれも基礎的なものにとどめており，直感的な理解が可能となるように図やイラストを多用している．数学的記述の必要な箇所は必要最小限にとどめ，必要となる部分は式や記号の意味をわかりやすく説明するように工夫がなされている．また，新しい学習指導要領に準拠したレベルに合わせられるように配慮されており，できる限り他書を参考にする必要がない，自己完結型の教科書として構成されている．
　一方，よりレベルの高い方や勉学意欲のある学生のための事項も容易に参照できる構成となっていることも本シリーズの特長である．いずれの巻においても，半期の講義に対応するように章立ても工夫してある．
　以上，本シリーズは，最近の学生の学力低下を考慮し，できる限りやさしい記述を目指しているにもかかわらず，さまざまな工夫を取り込むことによって，情報工学の基礎を取りこぼすことなく，本質的な内容を理解できるように編集できたことを自負している．

　　　　　　　　　　　　　　　　　　　　　　　　　　　高橋直久・松尾啓志・和田幸一

第2版にあたって

初版が刊行されてから10年近くが経過したが，情報工学分野におけるアルゴリズムの重要性はまったく変わっていない．これは，アルゴリズムの考え方がプログラミングのみならず，多くの応用分野で利用されているためだと考えられる．

このアルゴリズムのための書籍は数多く世の中に存在するので，本書の初版では，内容を厳選して可能な限りわかりやすくアルゴリズムの有用性を説明することに務めた．しかし，初版の刊行以来，多くのご意見をいただくとともに，私自身も教育活動を通じてもう少し内容の追加や説明に工夫が必要だと感じる部分がいくつか出てきたので，それらをふまえて内容の改訂を行った．

主な改訂点は以下のとおりである．

- 全体的に文章を見直し，わかりづらい文章の修正や説明の追加などを行った．
- 第9章で説明する分枝限定法について，0-1ナップサック問題に対するアルゴリズムを簡単で理解しやすいものに変更した．
- グラフアルゴリズムを扱う第10章において，基本的な探索アルゴリズムである，幅優先探索と深さ優先探索に関する内容を追加した．
- 多項式と行列を扱う第11章について，節を細かく分割し，個別の内容を把握しやすいように変更した．
- 第12章で説明する文字列照合アルゴリズムについて，実際の実行速度が速く，理解の容易なホールスプール法に関する内容を追加した．

なお，本書は大学や高専の講義の教科書もしくは参考書となることを想定しており，各章が1回分の講義に相当するようにしているが，1回の講義では内容的に多すぎたり，少し高度な内容になる節も存在する．そのような節にはアスタリスク*をつけ，その節を省略して読むことを可能にした．

この第2版が，少しでも読者のアルゴリズムの学習に役立てば幸いである．

2016年3月

藤原暁宏

序文

　近年，コンピュータやインターネットなどのIT技術による情報基盤は，生活の中でなくてはならないものになっているが，この情報基盤を利用していくうえで，情報技術に関する知識も必要不可欠となってきている．このことは，現在の高校では"情報"の授業が必修科目となり，大学の文系学部でも情報技術関連の講義が増加していることからも見てとれる．本書のタイトルになっている"アルゴリズムとデータ構造"は，この情報技術関連の分野におけるもっとも基本的な内容の1つであり，IT技術の浸透に伴い，一般の人が"アルゴリズム"という言葉に触れる機会も増えている．

　それにもかかわらず，一般の人にはアルゴリズムやデータ構造という分野の内容がどれだけ生活の中で役に立っているのかは，なかなか理解できないようである．著者はアルゴリズムを専門とする研究者のはしくれであるが，家族や知合いに"大学でどんな研究をしているの？"と尋ねられることがよくある．そのたびにいろいろ手をかえ品をかえてアルゴリズムとは何かを説明するのだが，結局は，"なんか難しい研究"をしているとしか理解してもらえない．これは著者のアルゴリズムについての説明が下手なせいもあるが，アルゴリズムがもつ抽象性にも原因があるのではないかと思う．本文中でも述べるように，アルゴリズムとは，与えられた問題の正しい答えを求めるための"うまいやり方"なのだが，それが実際の商品やサービスでは一般の人の目には見えてこないので，アルゴリズムやデータ構造を工夫することによって人々の生活がどれだけ便利に効率良くなっているかを，あまり認識してもらえていないのではないかと感じている．

　そこで本書では，大学，短大，高専などでアルゴリズムとデータ構造を学ぶ人に，アルゴリズムのもつパズルを解くような楽しさや実際のプログラムにおける有用性をできるだけわかりやすく説明することを目的とした．説明には日常の例を挙げて，イメージしやすい工夫がしてあるので，情報系以外の人でも興味をもって読んでもらえるものと思う．また，一般的な工学書では必須の事項である"間違いのない厳密な説明"を目指すのではなく，"読めばなんとなくわかる"という記述を心がけた．内容についても，特定のアルゴリズムを深く説明したり，できるだけ多くのアルゴリズムを紹介したりするのではなく，各問題に対する重要かつ代表的なアルゴリズムとデータ構造を丁寧に説明しているつもりである．

本書は全体として13章で構成されているが，大きく4つの部分に分けられる．最初の1章から6章までは，アルゴリズムとデータ構造のもっとも基本的な内容を説明してある．この部分はそれほど難しい内容ではないので，アルゴリズムの基礎知識としての十分な理解が必要である．つぎの7章から9章までは，多くのアルゴリズムで用いられる代表的なアルゴリズムの設計手法を紹介している．紹介される設計手法に関する知識は，自分でアルゴリズムを考案するときや，実際のプログラム中で用いられているアルゴリズムを理解する場合に，必ず役立つはずである．また，10章から12章までは，グラフにおける最短経路，多項式の計算，文字列照合といった実用的な問題に対して，提案されている効率の良いアルゴリズムの紹介を行っている．ここで紹介されているアルゴリズムは，多くがコンピュータ上の実際のプログラム中で利用されているものであり，実用的なアルゴリズムを知るいい機会となるだろう．最後の13章は，問題の複雑さとアルゴリズムの限界を説明する章となっている．13章の内容は，専門的には"計算量理論"とよばれる分野の話であり，情報系の学部，学科ではアルゴリズムとデータ構造とは別の講義で説明されることも多いが，アルゴリズムとデータ構造を勉強する人はぜひ知っておくべきことなので，内容を簡単に要約し収録することとした．

前述のように，本書は大学，短大，高専などの学部，学科でのアルゴリズムとデータ構造に関する講義の教科書もしくは参考書となることを想定しており，各章は1回分の講義に相当するように内容を工夫しているが，分量的に詳細を記述できなかった章も多い．本書を一読してアルゴリズムやデータ構造の詳細や具体的な実現方法に興味を持った読者は，巻末に参考文献を挙げているので，ぜひそちらを参照してほしい．また，本書の内容に関するご意見やご質問，あるいは，不注意な著者の間違いへの指摘などは，著者のメールアドレス（fujiwara@cse.kyutech.ac.jp）まで電子メールにてお送り頂けると幸いである．

最後に，本書の刊行にあたってお世話になった方々に感謝をしたい．本書の草稿段階では，九州工業大学の研究室の学生であった伊豆田慎氏に精読をお願いし，多くの間違いを指摘して頂いた．加えて，草稿を研究室での輪講資料とすることにより，研究室の学生諸君にも様々な助言を頂いた．おかげで本書の文章が多少なりともわかりやすく読めるようになっているはずである．また，本書の執筆の機会を与えて頂いただけでなく，草稿に多くの適切な助言や指摘をして頂いた名古屋工業大学の和田幸一先生に心から感謝するとともに，出版作業に御尽力頂いた森北出版の水垣偉三夫氏および加藤義之氏にも深く感謝を述べる．そして，結婚直後にもかかわらず，本書を執筆する時間を与えてくれた妻の奈名子の助力にも感謝する．

2006年8月

藤原暁宏

目次

第1章 アルゴリズムの基礎 　1
1.1 アルゴリズムとは …………………………………………… 1
1.2 アルゴリズムの評価基準 …………………………………… 3
1.3 計算量の漸近的評価 ………………………………………… 6
1.4 アルゴリズムの記述 ………………………………………… 8
演習問題 …………………………………………………………… 11

第2章 アルゴリズムの基本データ構造 　13
2.1 配　列 ………………………………………………………… 13
2.2 連結リスト …………………………………………………… 15
2.3 スタックとキュー …………………………………………… 17
演習問題 …………………………………………………………… 23

第3章 アルゴリズムにおける基本概念 　25
3.1 木 ……………………………………………………………… 25
3.2 再　帰 ………………………………………………………… 29
演習問題 …………………………………………………………… 34

第4章 データの探索 　36
4.1 探索の定義と簡単な探索アルゴリズム …………………… 36
4.2 2分探索法 …………………………………………………… 38
4.3 ハッシュ法 …………………………………………………… 41
4.4 探索アルゴリズムの実行速度比較 ………………………… 45
演習問題 …………………………………………………………… 47

第5章 ソートアルゴリズム1 　48
5.1 ソートの定義と基本的なソートアルゴリズム …………… 48
5.2 挿入ソート …………………………………………………… 51
5.3 ヒープソート ………………………………………………… 54
演習問題 …………………………………………………………… 60

第6章 ソートアルゴリズム2　　　　　　　　　　　62
- 6.1　クイックソート　……………………………………………　62
- 6.2　ソートアルゴリズムの性能比較　………………………………　70
- 6.3　安定なソート　………………………………………………　71
- 演習問題　……………………………………………………………　72

第7章 アルゴリズムの設計手法1　　　　　　　　　74
- 7.1　分割統治法　…………………………………………………　74
- 演習問題　……………………………………………………………　84

第8章 アルゴリズムの設計手法2　　　　　　　　　86
- 8.1　グリーディ法　…………………………………………………　86
- 8.2　動的計画法　…………………………………………………　90
- 演習問題　……………………………………………………………　97

第9章 アルゴリズムの設計手法3　　　　　　　　　99
- 9.1　バックトラック法　……………………………………………　99
- 9.2　分枝限定法　…………………………………………………　103
- 演習問題　……………………………………………………………　110

第10章 グラフアルゴリズム　　　　　　　　　　　112
- 10.1　グラフとは　…………………………………………………　112
- 10.2　グラフを格納するデータ構造　………………………………　113
- 10.3　グラフの探索　………………………………………………　115
- 10.4　最短経路問題　………………………………………………　120
- 演習問題　……………………………………………………………　125

第11章 多項式と行列　　　　　　　　　　　　　　127
- 11.1　多項式の計算　………………………………………………　127
- 11.2　基本的な行列積アルゴリズム　………………………………　129
- 11.3　行列の連続積　………………………………………………　130
- 11.4　ストラッセンの行列積アルゴリズム *　……………………　135
- 演習問題　……………………………………………………………　138

第12章 文字列照合アルゴリズム　　　　　　　　　139
- 12.1　文字列照合とは　……………………………………………　139
- 12.2　基本的なアルゴリズム　………………………………………　140
- 12.3　ホールスプールのアルゴリズム　……………………………　142
- 12.4　ボイヤー–ムーア法 *　………………………………………　145
- 演習問題　……………………………………………………………　153

第13章 アルゴリズムの限界　155
13.1 問題のクラス　155
13.2 解くことのできない問題 *　163
演習問題　166

さらなる勉強のために　168

演習問題解答　170

索　引　178

第1章

アルゴリズムの基礎

keywords

アルゴリズム，評価基準，実行時間，時間計算量，最良時間計算量，最悪時間計算量，漸近的評価，オーダ記法

　本書のタイトルにも入っている "アルゴリズム" という言葉は，一般的には馴染みが薄く，どのような概念かを感覚的に理解している人は少ないだろう．本章では，まずアルゴリズムとは何かを簡単な例を用いて説明する．そしてその後に，アルゴリズムの善し悪しを決めるためのアルゴリズムの評価基準について述べる．

1.1 アルゴリズムとは

　アルゴリズムという言葉は初めて聞く人も多いかもしれない．このアルゴリズムという単語は，いままでの知識からまったく想像がつかない聞きなれない言葉なので，ひょっとすると難しいことなのではないかと思う人もいるだろう．しかし，このアルゴリズムというものはそんなに難しいものではなく，人々が一般的に慣れ親しんでいる "うまくやるための手順書" とでもいうべきものである．

　たとえば，料理について考えてみよう (図 1.1)．料理は，一度食べたことがあるからといって料理名だけでその料理を実際に作ることは難しい．一流の食材と一流の調理器具があったとしても，その調理手順がわからなければ悲惨な料理ができあがるだ

図 1.1　料理におけるアルゴリズム

ろう．しかし，料理におけるアルゴリズムに相当するものとして料理のレシピや料理本などがあり，記述されている手順どおりに料理を作れば，おいしい料理を作ることができる（料理の苦手な人はそうもいかないが）．

また，家庭用ゲーム機やスマホにおけるゲームを考えてみよう．最近のゲームは非常に高度になっており，華麗なグラフィックや洗練されたサウンドなどを楽しむことができる一方で，高度な熟練を要したり難解な謎が出てきたりと初心者にはゲームをうまく進めることが難しい．しかし，ゲームの進め方やヒントなどの攻略法が載っているWebサイトを見てその攻略法のとおりに操作を行えば，ゲームの苦手な人でも容易にゲームを進めることができるはずである（そのようなやり方でゲームが楽しめるかどうかは別問題として）．この場合には，ゲームの攻略法がアルゴリズムに相当するものである．

本書では，このアルゴリズムを一般的にまとめて，以下のように定義する．

◆**定義 1.1 アルゴリズム**

与えられた問題の正しい答えを求めるための"うまいやり方"であり，一般に文章やプログラミング言語で記述される．

つまり，"与えられた問題を解く手順"をアルゴリズムであると考えようということである．アルゴリズムというのは目に見えない「問題の解き方」であるが，文章で記述してあれば，人間はそれを理解し問題を解くことができる．また，プログラミング言語で記述されていれば，コンピュータがそのアルゴリズムを実行することができる．

アルゴリズムに対してもう少し理解を深めるために，以下のような問題を考えてみよう．

［問題 1.1］

n 桁の整数が与えられた場合に，その整数が 3 の倍数であるかどうかを答えよ．

この問題を計算機やコンピュータを使わずに解くとなると，どのようなアルゴリズムを用いればよいだろうか．まず考えつくのは，以下のような方法だろう．

"小学校で習った筆算を使って，与えられた n 桁の整数を 3 で割算し，余りが 0 ならば 3 の倍数であると答える．"

確かに，この手順はこの問題を解くアルゴリズムであるが，たとえば $n = 1000$ の場合に 1000 桁の整数の割算をするのは，かなり無理のある方法である（おそらく，その筆算の実行にはかなりの時間を必要とするだろう）．

実は，この問題 1.1 については，以下のような"うまいやり方"のアルゴリズムが知られている．

> **アルゴリズム 1.1**
>
> 入力：n 桁の整数
> アルゴリズム：与えられた整数の各桁の和が 3 で割り切れるならば，整数は 3 の倍数であると答える．

たとえば，上記のアルゴリズムの入力として，整数 1893206753214 が与えられたと仮定する．このとき，この整数の各桁の和は以下のようになる．

$$1+8+9+3+2+0+6+7+5+3+2+1+4 = 51$$

このとき，51 は 3 で割り切れるので，1893206753214 は 3 の倍数である．また，このアルゴリズム 1.1 は繰り返し実行できるので，51 の各桁の和は $5+1=6$ となり，3 の倍数であることがさらに容易にわかるだろう．

実際に，このアルゴリズム 1.1 によって，どんな整数についても 3 の倍数かどうかを判定できることが証明されている．また，このアルゴリズムを使えば，おそらく $n=1000$ の場合でも計算機やコンピュータを使わずに人間が短時間で判定が可能である．このようにアルゴリズムとして問題の解き方が記述されていれば，その詳細や理由はわからなくても，アルゴリズムの記述に従って計算を行うことにより，誰でも簡単にその問題を解くことができることがわかるだろう．

1.2 アルゴリズムの評価基準

問題 1.1 からもわかるように，一般に 1 つの問題を解くアルゴリズムはいくつも存在する．それでは，どのようなアルゴリズムを用いるのがもっとも良いだろうか．このアルゴリズムの善し悪しを決める基準を**アルゴリズムの評価基準**とよぶが，アルゴリズムの評価基準についてもいろいろなものが存在する．そのなかで，一番直感的で誰でも思いつくのは，"速く実行できるアルゴリズムのほうが優れている" という評価基準だろう（コンピュータを使っていて，まったく同じ処理を実行するプログラムが 2 つあれば，誰でも高速に実行できるほうのプログラムを利用するはずである）．

この評価基準を具体的に理解するために，以下のような問題を考えてみよう．

> **[問題 1.2]**
>
> n 個のテニスボールがある．このテニスボール 1 個の重さは 100 g であるが，n 個のうち 1 つだけ重さが 95 g の不良品である．重さが測定できるはかりを用いて，この不良品のテニスボールをみつけよ．

この問題では，図 1.2 に示すように，はかりに複数のテニスボールを載せてもよいものとする．このとき，どのようなアルゴリズムを実行すれば，不良品のテニスボールを短い時間でみつけることができるだろうか．

入力の n 個のテニスボールは，$b_1, b_2, \ldots, b_n$ で表されると仮定する．まず，テニス

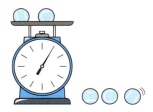

図 1.2 テニスボールとはかり

ボールを 1 つずつはかりに載せる以下のようなアルゴリズムを考える.

アルゴリズム 1.2

入力：n 個のテニスボール $\{b_1, b_2, \ldots, b_n\}$
アルゴリズム：
① $i = 1$ とする.
② テニスボール b_i をはかりに載せる.
③ b_i の重さが 100 g ならば，i を 1 だけ増加させて②，③の操作を繰り返す．b_i の重さが 95 g ならば，そのボールを不良品としてアルゴリズムを終了する.

このアルゴリズム 1.2 では，テニスボール b_1 が不良品の場合は，アルゴリズムの②の操作は 1 回しか実行されない．しかし，テニスボール b_n が不良品の場合は，アルゴリズムの②の操作は n 回実行されることになる．このように，アルゴリズムを実行するのに必要な時間は，その入力によって異なることがある.

つぎに，約半数のテニスボールを一度にはかりに載せる，以下のようなアルゴリズムについて考える.

アルゴリズム 1.3

入力：n 個のテニスボール $\{b_1, b_2, \ldots, b_n\}$
アルゴリズム：
① テニスボールを約半分ずつの 2 つの集合 $B_1 = \{b_1, b_2, \ldots, b_{\lceil \frac{n}{2} \rceil}\}$, $B_2 = \{b_{\lceil \frac{n}{2} \rceil + 1}, b_{\lceil \frac{n}{2} \rceil + 2}, \ldots, b_n\}$ に分ける[1]．
② テニスボールの集合 B_1 をはかりに載せる.
③ B_1 の重さが 100 の倍数ならば，テニスボールの集合 B_2 に不良品があり，B_1 の重さが 100 の倍数でなければ，不良品は B_1 の中にある．このとき，不良品の含まれているほうのボールの集合に対して，以下の操作を行う.
　　a. 不良品の含まれているボールの集合に 1 つのボールしかなければ，そのボールを不良品としアルゴリズムを終了する.
　　b. 不良品の含まれているボールの集合に複数のボールが含まれていれば，そのボールの集合を①と同様に 2 つの集合 B_1 と B_2 に分けて，②，③の操作を繰り返す.

このアルゴリズム 1.3 において，アルゴリズムの②が何回実行されるかを考えてみよう．アルゴリズム実行前には n 個のボールがあるが，アルゴリズムの②，③を 1 回実行することにより，半数の $\dfrac{n}{2}$ 個のテニスボールが不良品ではないことがわかる（テニスボールの個数が奇数個の場合は正確には $\dfrac{n}{2}$ 個ではないが，話がややこしくな

---
[1] $\lceil x \rceil$ という記号は，x を超える最小の整数（x を切り上げた整数）を表す.

るので $\frac{n}{2}$ 個としておく）．すると，アルゴリズムの②，③を k 回実行した後に不良品の可能性のあるテニスボールの個数は，$\left(\frac{1}{2}\right)^k \times n$ という式で表すことができる．アルゴリズムの②，③はどこまで繰り返されるかというと，不良品の可能性のあるテニスボールが1つになるまで繰り返されるので，$\left(\frac{1}{2}\right)^k \times n = 1$ となる場合にアルゴリズムは終了する．

この式を繰り返し回数 k について解くと以下のようになる．

$$\left(\frac{1}{2}\right)^k \times n = 1$$
$$2^k = n$$
$$\log_2 2^k = \log_2 n$$
$$k = \log_2 n$$

したがって，アルゴリズム 1.3 の②は約 $\log_2 n$ 回実行されることがわかる．また，アルゴリズム 1.2 の場合と異なり，この実行回数は入力には依存せず，変化することがない．

ここで，これらの2つのアルゴリズムを実際に実行した場合の実行時間を考えてみよう．まず，両方のアルゴリズムにおける"はかりに載せて重さを測る"という操作が10秒で実行できると仮定する．また，その他の操作（はかりの目盛を読んだり，テニスボールを2つの集合に分けるなど）の時間は無視できると仮定する．このとき，2つのアルゴリズムの実行時間は表 1.1 のようになる．表からわかるように，アルゴリズム 1.2 ではテニスボールの数が増えても b_1 が不良品の場合の実行時間は変化しないが，b_n が不良品の場合の実行時間はテニスボールの数に比例して増加する．一方，アルゴリズム 1.3 は，テニスボールの数が増えると実行時間も増加するが，その増加の割合は，アルゴリズム 1.2 の b_n が不良品の場合に比べると非常に緩やかである．

表 1.1 アルゴリズムの実行時間

テニスボールの数 n	アルゴリズム 1.2		アルゴリズム 1.3
	b_1 が不良品の場合	b_n が不良品の場合	
10	10 秒	100 秒	$10 \times \log_2 10 =$ 約 40 秒
100	10 秒	1000 秒	$10 \times \log_2 100 =$ 約 70 秒
1000	10 秒	10000 秒	$10 \times \log_2 1000 =$ 約 100 秒
10000	10 秒	100000 秒	$10 \times \log_2 10000 =$ 約 140 秒
100000	10 秒	1000000 秒	$10 \times \log_2 100000 =$ 約 170 秒

この例が示すように，アルゴリズムの実行時間は，ほとんどの場合においてアルゴリズムの入力のサイズにより決まる．この実行時間をアルゴリズムの**時間計算量**とよぶ．また，アルゴリズム 1.2 の例からわかるように，アルゴリズムの時間計算量は入力により異なる場合がある．この場合，ある入力サイズにおいてもっとも速くアルゴリズムを実行できる場合（たとえば，アルゴリズム 1.2 において b_1 が不良品の場合）の時間計算量を，アルゴリズムの**最良時間計算量**とよび，アルゴリズムの実行にもっ

とも時間のかかる場合（たとえば，アルゴリズム 1.2 において b_n が不良品の場合）の時間計算量を，アルゴリズムの**最悪時間計算量**とよぶ．これらの時間計算量については，同じ動作をするアルゴリズムならば，その値が小さいほうが良いアルゴリズムである．上記の例では，アルゴリズム 1.2，およびアルゴリズム 1.3 の各時間計算量は表 1.2 のとおりとなる．

表 1.2 アルゴリズムの時間計算量

	アルゴリズム 1.2	アルゴリズム 1.3
最良時間計算量	10	$10 \log_2 n$
最悪時間計算量	$10n$	$10 \log_2 n$

なお，アルゴリズムの計算量については，アルゴリズムのデータ使用量を表す**領域計算量**という種類がある．この領域計算量も値が小さければ小さいほど良いアルゴリズムである．また，時間計算量についても，入力にある分布を仮定してすべての入力に対する時間計算量の期待値を考える場合がある．この場合の時間計算量を**平均時間計算量**とよぶ．多くの場合，平均時間計算量は最悪時間計算量に等しいことが知られている．これらの計算量については本書の範囲を超えるので，以下では主に最良時間計算量と最悪時間計算量のみを取り扱う．また，とくに断わらない限り，単に"時間計算量"とある場合は最悪時間計算量を表すものとする．

1.3 計算量の漸近的評価

前節で述べたとおり，アルゴリズムの善し悪しはそのアルゴリズムの時間計算量で比較することができる．しかし，前述のような簡単な例ならともかく，一般に用いられるアルゴリズムはかなり複雑で，入力に対して正確な時間計算量を求めることは非常に難しい．また，アルゴリズムに対して正確な時間計算量が求められたとしても，一般に時間計算量どうしの比較は困難であることが多い．

たとえば，入力サイズが n である問題に対して，まったく同じ動作をするアルゴリズム A，B，C という 3 つのアルゴリズムが存在し，それぞれのアルゴリズムの時間計算量が以下のように求められたとする．

アルゴリズム A：$10n^2 + 100n + 10000$

アルゴリズム B：$n^4 - n^3 - n$

アルゴリズム C：$100n^3$

これらの時間計算量の値は，n が非常に小さい場合はアルゴリズム B の時間計算量が小さく，n が非常に大きい場合はアルゴリズム A の時間計算量が小さいと考えられる．このような場合，どのアルゴリズムが良いアルゴリズムであると判断すればよいだろうか．

まず考えられることは，入力サイズ n が非常に小さい場合は，時間計算量を比較する必要性が低いということである．なぜなら，入力サイズが小さい場合は，どのようなアルゴリズムを用いてもアルゴリズムの実行時間は短いので，アルゴリズムの善し

悪しを議論する必要はあまりない．そのため，アルゴリズムの評価は，入力サイズ n の値が非常に大きい(n が無限大に近くなる)場合の時間計算量で行うことが一般的である．

このように n が無限大に近い場合の比較に用いられるアルゴリズムの時間計算量を**漸近的な時間計算量**とよぶ．この漸近的な時間計算量は，以下に定義される**オーダ記法**を用いて表される．

◆**定義 1.2　オーダ記法**
入力サイズ n の関数として表される時間計算量 $T(n)$ が，ある関数 $f(n)$ に対して $O(f(n))$ であるとは，適当な2つの正の定数 n_0 と c が存在し，n_0 以上のすべての n について $T(n) \leq cf(n)$ が成り立つことをいう．

このオーダ記法の定義は少々わかりにくいので，以下のような理解で十分である．まず，アルゴリズムの時間計算量を入力サイズ n を用いた関数として求める．つぎに，その関数のなかで主要項(n が無限大に近い場合にもっとも大きな項)をみつける．この主要項の係数を削除した関数が $f(n)$ であるとき，"アルゴリズムの時間計算量は $O(f(n))$ である"，もしくは "アルゴリズムは $O(f(n))$ 時間で実行できる" という．アルゴリズムの計算量で用いられる代表的な関数の漸近的な大小関係を以下に示しておくので，漸近的な時間計算量を考える場合の参考にするとよい．

$$\log n\ ^{1)} < \sqrt{n} < n < n\log n < n^2 < n^3 < \cdots < 2^n < n!$$

なお，関数 $f(n)$ が n に依存しない定数である場合は，その時間計算量を特別に $O(1)$ と記述し，その時間計算量を**定数時間**とよぶ．

この漸近的な計算量の例として，前述のアルゴリズム A の時間計算量を考える．アルゴリズム A の時間計算量は $10n^2 + 100n + 10000$ であるが，このなかでもっとも増分の大きい主要項は $10n^2$ である．この項の係数部分を削除することにより，オーダ記法でのアルゴリズム A の時間計算量は $O(n^2)$ となる．同じように，アルゴリズム B，アルゴリズム C の時間計算量は，それぞれ $O(n^4)$，$O(n^3)$ となる．このオーダ記法で表された時間計算量を比較すると，n に関してもっとも小さい関数を時間計算量としてもつアルゴリズム A が，もっとも良いアルゴリズムであると評価できる．

また，前述のアルゴリズム 1.2 およびアルゴリズム 1.3 の漸近的な時間計算量は，表 1.3 のとおりとなる．

なぜこのように，主要項以外の項を削除したり定数係数を無視したりするような，

表 1.3　アルゴリズムの漸近的な時間計算量

	アルゴリズム 1.2	アルゴリズム 1.3
最良時間計算量	$O(1)$	$O(\log n)$
最悪時間計算量	$O(n)$	$O(\log n)$

---

1) 対数 $\log_a b$ の底 a が定数の場合は，$\dfrac{\log_c b}{\log_c a}$ として底の変換が可能であり，底は定数として削除できるので，オーダ記法では省略される．

漸近的な評価が使われるのかというと，入力サイズ n が非常に大きい場合は，時間計算量は主要項にのみ依存するからである．たとえば，表 1.1 に示したアルゴリズムの実行時間から，漸近的な時間計算量の違いは，n が大きくなるにつれアルゴリズムの実行時間に大きく影響を及ぼしていることがわかる．また，表 1.4 に前述のアルゴリズム A，B，C について入力サイズ n とその時間計算量の関係を示すが，この表からも，アルゴリズムの実行時間は漸近的な時間計算量に依存して大きく変化することがわかる．

表 1.4 アルゴリズム A，B，C の実行時間

入力サイズ (n)	アルゴリズム A ($10n^2 + 100n + 10000$)	アルゴリズム B ($n^4 - n^3 - n$)	アルゴリズム C ($100n^3$)
10	12000	8990	100000
100	1210000	98999900	100000000
1000	10110000	9.99×10^{11}	10×10^{10}
10000	1001010000	9.99×10^{15}	10×10^{13}
100000	10×10^{10}	9.99×10^{19}	10×10^{16}

ただし，このような漸近的な時間計算量によるアルゴリズムの評価は，入力サイズ n が大きい場合の大まかな評価であることを忘れてはならない．つまり，入力サイズ n が小さい場合は，漸近的な時間計算量による評価と実際のアルゴリズムの実行時間は，まったく異なることがある．また，同じ漸近的な時間計算量のアルゴリズムは実行時間が同じであるというわけではなく，数倍程度の実行時間の違いがあることが一般的である．

1.4 アルゴリズムの記述

本章のはじめに，アルゴリズムとは問題を解くためのアイデアであり，コンピュータでの実行を前提とするものだけではないと述べたが，本書で学ぶアルゴリズムの多くは，コンピュータ上で実行されるアルゴリズムである．そこで，以下ではコンピュータ上での記述言語であるプログラミング言語（とくに C や Java）に類似したアルゴリズムの記述方法を示し，以降はこの記述方法を用いてアルゴリズムを記述する．

▶**基本演算** 一般的な算術演算（加減乗除など），論理演算（AND や OR など），入出力の命令（答えの出力など）は，文の終わりの記号を "`;`" とする 1 文で記述する（各文は改行してもよいし，改行しなくてもよい）．また，その時間計算量を $O(1)$（定数時間）と仮定する．

▶**代入** 変数への値の代入は "`=`" という記号で表し，変数の値が等しい，および変数の値が異なるという条件は，それぞれ "`==`"，"`!=`" という記号で表す．

例 1：変数 x に 10 という値を加算して代入する行の記述は，以下のようになる．

    x=x+10;

例 2：変数 x が 10 に等しいという条件の記述は，以下のようになる．

            x==10

▶**for 文**　for 文を用いて，指定回数の操作の繰り返しを記述する．for 文の書式は以下のとおりである．
```
    for (変数の初期値設定; 繰り返し継続条件; 変数の更新) {
        繰り返し実行される処理
    }
```
この for 文の記述において，"変数の初期値設定" で最初の変数の値を設定し，"繰り返し継続条件" が成り立つ間は，"繰り返し実行される処理" が繰り返される．また，"繰り返し実行される処理" を 1 回実行するごとに "変数の更新" で指定された分だけ変数の値が変更される．

　　例：変数 sum に 1 から 10 までの値を加算する操作は，for 文を用いて以下のように記述される．
```
        for (i=1; i<11; i=i+1) { sum=sum+i; }
```
▶**while 文**　while 文を用いて，条件による繰り返しを記述する．while 文の書式は以下のとおりである．
```
    while (繰り返し継続条件) {
        繰り返し実行される処理
    }
```
この記述において，while 文中の "繰り返し実行される処理" は，"繰り返し継続条件" が成り立つ間は繰り返される．

　　例：変数 sum に 1 から 10 までの値を足すという操作は，while 文を用いて以下のように記述される．
```
        i=1;
        while (i<11) {
            sum=sum+i;
            i=i+1;
        }
```
▶**if 文**　if 文を用いて，条件による処理の分岐を記述する．if 文の書式は以下のとおりである．
```
    if (条件) {
        条件が成り立つ場合の処理
    }
    else {
        条件が成り立たない場合の処理
    }
```
この記述において，if 文の "条件" が成り立つ場合は，"条件が成り立つ場合の処理" が実行され，"条件" が成り立たない場合は，"条件が成り立たない場合の処理" が実行される．なお，else 以降の部分は省略が可能である．

　　例：変数 x の値が 10 ならば変数 y に 1 を加算し，そうでなければ変数 y から 1 を減算するという操作は，if 文を用いて以下のように記述される．
```
        if (x==10) { y=y+1; }
        else { y=y-1; }
```
▶**関数**　アルゴリズムにおける関数とは，**引数**とよばれる入力に対して決められた処理を実行し，結果を出力する一連の処理の集合である．多くの場合，関連する一連の

処理をまとめることにより，アルゴリズムの記述や理解が容易となるため，アルゴリズム中で関数が用いられる．この関数は，値を出力する場合と値を出力しない場合があるが，値を出力する場合は，`return` という命令により値を出力するものとする．本書での関数の書式は以下のとおりである．

```
関数名（引数）{
  処理
  return 値;
}
```

上記において，`return` の行は省略が可能である．この関数の例を以下に示す．

> **例**：変数 a,b を引数とし，a と b の和を出力するという関数 `plus` は以下のように記述される．
> ```
> plus(a,b) {
>   c=a+b;
>   return c;
> }
> ```

▶ **コメント** アルゴリズム中の "`//`" 以降の部分はコメントであり，アルゴリズムの実行には影響しない．

本節の最後に上記の記述を用いたアルゴリズムの例を 2 つ示し，その時間計算量について考察する．1 つ目のアルゴリズムは，n 個の整数の集合 $\{x_1, x_2, \ldots, x_n\}$ から最大の値を求めるというアルゴリズムである．アルゴリズム中では，`x[1]`, `x[2]`, ..., `x[n]` という変数がそれぞれ $x_1, x_2, \ldots, x_n$ を表している．

アルゴリズム 1.4　最大値の計算

入力：n 個の整数 `x[1]`, `x[2]`, ..., `x[n]`
```
max=x[1];
for (i=2; i<n+1; i=i+1) {
  if (max<x[i]) { max=x[i]; }
}
```

それでは，このアルゴリズム 1.4 の時間計算量について考えてみよう．このアルゴリズムに含まれる for 文中の処理は if 文で構成されており，その時間計算量は $O(1)$ である．また，for 文の繰り返し回数は，その繰り返し条件より $n-1$ 回である．したがって，このアルゴリズムの時間計算量は，$O(1) \times (n-1) = O(n)$ である．

つぎに，n 個の整数の集合 $\{x_1, x_2, \ldots, x_n\}$ から，値が等しい整数の対をすべて出力するというアルゴリズムを示す．アルゴリズム 1.4 同様，アルゴリズム中では，`x[1]`, `x[2]`, ..., `x[n]` という変数がそれぞれ $x_1, x_2, \ldots, x_n$ を表している．このアルゴリズム中では，すべての整数の組合せに対して等しいかどうかをチェックするために，二重の for 文が使用されている．

アルゴリズム 1.5　等しい整数の出力

入力：n 個の整数 `x[1]`, `x[2]`, ..., `x[n]`
```
for (i=1; i<n; i=i+1) {
  for (j=i+1; j<n+1; j=j+1) {
    if (x[i]==x[j]) { x[i]とx[j]は同じであると出力; }
```

```
    }
  }
```

　このアルゴリズム 1.5 の時間計算量について考えてみよう．このアルゴリズムに含まれる if 文の時間計算量は $O(1)$ である．また，外側の for 文の繰り返し回数は $n-1$ 回であり，内側の for 文の繰り返し回数は，外側の for 文の変数 i に依存し，$n-i$ 回である．したがって，このアルゴリズムの時間計算量は，以下の式で表されるように $O(n^2)$ である．

$$\sum_{i=1}^{n-1}(n-i) \times O(1) = O(1) \times \sum_{i=1}^{n-1} i$$
$$= O(1) \times \frac{n(n-1)}{2}$$
$$= O(n^2)$$

第 1 章のポイント

1. **アルゴリズム**とは，与えられた問題の正しい答えを求めるための"うまいやり方"であり，一般に文章やプログラミング言語で記述される．
2. アルゴリズムの実行時間を表す**時間計算量**は，小さければ小さいほど良いアルゴリズムであるといえる．この時間計算量は，一般にアルゴリズムの入力サイズ n の関数として表される．
3. アルゴリズムをもっとも高速に実行できる場合の時間計算量を**最良時間計算量**とよび，もっとも時間のかかる場合の時間計算量を**最悪時間計算量**とよぶ．通常は，最悪時間計算量を用いてアルゴリズムの評価を行う．
4. アルゴリズムの時間計算量は，一般に**漸近的な時間計算量**を用いて評価される．この漸近的な時間計算量は，アルゴリズムの時間計算量を表す入力サイズ n の関数から主要項の係数を削除した関数が $f(n)$ であるとき，オーダ記法を用いて $O(f(n))$ と表す．

演習問題

1.1 以下の文章の①〜⑤について，それぞれ正しい記号を下から選べ．正しい記号が複数存在する場合はすべて列挙せよ．

　アルゴリズムの時間計算量は，（　①　）．また，問題 P の入力サイズが n であるとき，この問題 P に対するアルゴリズム A の最良時間計算量を $T_B(n)$，最悪時間計算量を $T_W(n)$ とすると，（　②　）である．

　入力サイズが n の問題 X を解く 2 つのアルゴリズム A，B の時間計算量が，それぞれ，

$$T_A(n) = n^5 + 2^n + \log_2 n$$
$$T_B(n) = \sqrt{n} + n^2 - n$$

だとする．このとき，$T_A(n) = $（ ③ ）であり，$T_B(n) = $（ ④ ）である．また，非常に大きな n に対してアルゴリズム A と B の実行速度を比較すると，（ ⑤ ）．

① ： a. アルゴリズムの評価基準である
　　　b. どのような入力に対してもつねに同じである
　　　c. 一般に入力サイズの関数を用いて表される
　　　d. 大きいほうが良いアルゴリズムである
② ： a. つねに $T_B(n) < T_W(n)$　　　b. つねに $T_B(n) > T_W(n)$
　　　c. つねに $T_B(n) \leq T_W(n)$　　　d. $T_B(n)$ と $T_W(n)$ は比較不能
③ ： a. $O(n^5)$　　b. $O(2^n)$　　c. $O(\log_2 n)$　　d. $O(1)$
④ ： a. $O(\sqrt{n})$　　b. $O(n^2)$　　c. $O(n)$　　d. $O(1)$
⑤ ： a. A のほうが B より高速に動作する
　　　b. B のほうが A より高速に動作する
　　　c. A と B はほぼ同じ速度で動作する
　　　d. A が速い場合もあれば B が速い場合もある

1.2 n ビットの 2 進数の各ビットが B[1], B[2], ..., B[n] という n 個の変数に格納されているとき，この 2 進数を 10 進数に変換して出力するアルゴリズムを示せ．また，このアルゴリズムの時間計算量をオーダ記法を用いて答えよ．

　　例：入力が $n=4$，B[1]=1，B[2]=1，B[3]=0，B[4]=1 のとき，入力の 2 進数は "1101" なので，出力は 13 ($2^3 + 2^2 + 2^0 = 13$) である．

1.3 n 個の異なる整数の集合 $\{x_1, x_2, \ldots, x_n\}$ から，"$x_i + x_j = x_k$，かつ $i < j$" という条件を満たす 3 つの整数の組合せ (x_i, x_j, x_k) をすべて出力するアルゴリズムを示せ（アルゴリズム中では，x[1],x[2],...,x[n] という変数がそれぞれ $x_1, x_2, \ldots, x_n$ を表すものとする）．

　　例：入力が $\{5, 2, 3, -1\}$ のとき，出力は $(2, 3, 5)$ と $(3, -1, 2)$ である．
また，このアルゴリズムの時間計算量をオーダ記法を用いて答えよ．

第2章

アルゴリズムの基本データ構造

keywords
データ構造, 配列, 連結リスト, レコード, ポインタ, スタック, キュー, FIFO, LIFO

　アルゴリズムをコンピュータ上で実行する場合，データの保存や関数の呼び出し方などについていくつかの基本的な方式があり，どの方式を選ぶかによってアルゴリズムの時間計算量は大きく変化する．これらのアルゴリズムで用いられる基本的な方式を，本書ではアルゴリズムの基本要素とよぶ．

　この基本要素のうち，データの保存方式に関するものは**データ構造**とよばれ，どのようなデータ構造を採用するかによって，アルゴリズムの効率が大きく変わる．本章では，まず多数のデータを保存するためのもっとも基本的なデータ構造である，配列と連結リストを紹介する．つぎに，コンピュータで大量のデータを記憶し処理するためのデータ構造である，スタックとキューについて説明し，配列を用いたスタックとキューの実現方法について述べる．

2.1 配　列

　大量のデータを取り扱うときは，データをなんらかの形でまとめて格納する必要がある（まとめなければ，片付けをしていない部屋のように，データがどこにあるのかまったくわからなくなってしまう）．この大量のデータを格納するデータ構造のうち，もっとも基本的なものが**配列**である．

　配列の基本的な概念は，駅や空港のコインロッカーのような整然と並んだ箱である．1次元配列とよばれるもっとも一般的な配列の場合は，図2.1のように箱が横1列に並んでいると考えればよい．ただし，箱は固定されており，動かしたり順番を入れ替えたり，箱を増やしたりすることはできない．

　アルゴリズムで用いられる配列では，上記の概念に基づき，連続的に並べてデータを格納する．図2.2は，n個の格納場所が存在する配列である．一般に，配列には配

図2.1　横1列に並んだロッカー

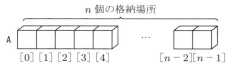

図 2.2 配列

列名という名前と，通し番号のついた格納場所がある．各格納場所は，配列名の後にその番号を添字としてつけることで表す．たとえば，配列名が A の配列の先頭から 3 番目の格納場所は A[2] と表される（通し番号は 0 から始まることに注意すること）．

配列の大きな特徴は，配列中の番号を指定することにより，任意の格納場所に対して定数時間でデータの読み出しと代入を行うことができることにある．たとえば，格納場所 A[2] に対して 11 というデータを代入したい場合は，

  A[2]=11;

という記述により，定数時間で図 2.3 のようにデータを代入することができる．

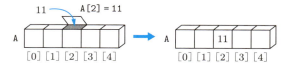

図 2.3 配列へのデータの格納

ただし，配列にはいくつか欠点もある．たとえば，すでにいくつかのデータが格納されている配列に対して新たにデータを追加する場合を考える．このとき，配列では，必ずしも先頭から順にデータが詰まっているとは限らないので，配列中でデータの格納されていない格納場所を探さなければならない．図 2.4 のように，A[n-1] 以外のすべての格納場所にデータが入っている場合は，A[0] から A[n-2] までの $n-1$ 個の格納場所をチェックすることになる．

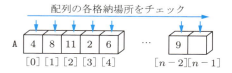

図 2.4 配列へのデータの追加

したがって，配列へのデータの追加は，以下のアルゴリズムを用いて実行する必要があり，サイズが n の配列へデータの追加を行うアルゴリズムの最悪時間計算量は，$O(n)$ となる．

アルゴリズム 2.1　配列へのデータの追加

```
入力：サイズ n の配列 A，および追加するデータ x
i=0;
while ((A[i]にデータが格納されている) かつ (i<n)) { i=i+1; }
if (i==n) { "配列に格納場所がない"と出力; }
else { A[i]=x; }
```

配列に格納されているデータを削除する場合も，追加の場合と同様に配列の先頭からデータを探す必要があるので，サイズが n の配列からデータの削除を行うアルゴリズムの最悪時間計算量は $O(n)$ となる．一方，配列に対して追加，および削除を行うアルゴリズムがもっとも速く実行できるのは，配列の末尾に追加，もしくは削除を行う場合で，その場合の最良時間計算量は $O(1)$ である．

また，配列の格納場所は連続しているので，配列のサイズをアルゴリズムの実行前にあらかじめ決めておく必要がある．したがって，アルゴリズムの実行中に，データ数が予想より多かったので配列を大きくしたり，データ数が少なかったので配列を小さくしたりするなどの変更はできない．このため，アルゴリズムの作成段階で，配列のサイズはよく検討しておかなければならない．

2.2 連結リスト

配列同様に，多くのデータを格納する代表的なデータ構造として，連結リストがある．**連結リスト**の特徴は，配列のように格納場所を固定するのではなく，格納するデータのサイズに応じて格納場所を増加させたり減少させたりすることができることである．

連結リストの基本的概念を理解するために，図 2.5 に示すような小学校の朝礼で列を作る場合を考えてみよう．この場合，先生の「前へならえ」のかけ声とともに，それぞれの生徒は自分の前の生徒の後ろに並んで列を作るはずである．つまり，各生徒は"直前の生徒の後ろにいる"という情報しかないにもかかわらず，全体としてみれば 1 つの列ができあがる．この各生徒を格納場所と考えて構成するのが連結リストの考え方である．

図 2.5　朝礼での整列

それでは具体的な連結リストの構造を，図 2.6 を用いて説明しよう．連結リストにおける各格納場所は**レコード**とよばれ，各レコードは**データ格納場所**とレコードを指す**ポインタ**とよばれる部分から構成される．各レコードのポインタは，連結リストにおけるつぎのレコードを指している．連結リストの末尾(右端)のレコードのポインタは，他のレコードを指すことができないので，"何もない"ということを表す `null` という特別な値になる．また，連結リストの先頭(左端)のレコードは，先頭を表す特

16　第2章　アルゴリズムの基本データ構造

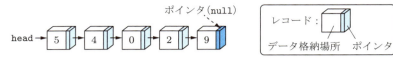

図 2.6　連結リスト

別なポインタ head により指されており，連結リストに対する操作は，このポインタ head を用いて実行される．

このように構成される連結リストの利点は，連結リストに含まれるレコードの数とデータ数が等しいということである．このため，最初にそのサイズを決めなければならない配列とは異なり，連結リストではデータ数に応じた記憶領域の確保が可能である．この性質はコンピュータ上でアルゴリズムを実行するときのメモリ使用量と密接に関係するので，アルゴリズムをプログラムとして実装する場合の大きな長所となる．

もう一つの連結リストの利点として，連結リストの長さにかかわらず，連結リストの先頭へのデータの追加が $O(1)$ 時間で実行できることが挙げられる．以下に，連結リストの先頭にデータを追加するアルゴリズムを示す．

アルゴリズム 2.2　連結リストへのデータの追加

入力：連結リストの先頭を指すポインタ head，および追加するデータ x
新たなレコード R を準備する；
(レコード R のデータ格納場所)=x；
(レコード R のポインタ)=head；
head=(レコード R)；

また，このアルゴリズムを用いて，図 2.6 の連結リストに対してデータ "3" を追加する様子を図 2.7 に示す．

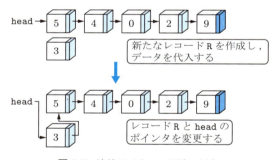

図 2.7　連結リストへの要素の追加

つぎに，連結リストから先頭データを削除する場合であるが，削除も以下に示す $O(1)$ 時間のアルゴリズムによって head のポインタを変更するだけよい．

アルゴリズム 2.3　連結リストからのデータの削除

入力：連結リストの先頭を指すポインタ head
if (head==null) { "削除するデータはない"と出力; }
else {
　head の指すレコードのデータを出力；
　head=(head の指すレコードのポインタが指すレコード)；

```
    head の指していたレコードを削除；
}
```

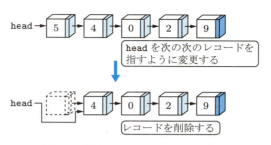

図 2.8 連結リストからのデータの削除

図 2.8 に，図 2.6 の連結リストから先頭のデータ "5" を削除する様子を示す．

このように，連結リストは配列と比較すると，データの追加，削除が高速に実行でき，格納場所もデータのサイズに比例する個数しか必要としない点が優れている．しかし，連結リスト中のデータに対して直接アクセスすることはできない．このため，連結リスト中のレコードに保存されているデータに対してアクセスするには，連結リストの先頭からそのレコードまでのレコード数に比例する時間計算量が必要である．また，各レコードはデータ格納部とポインタから構成されているので，同じサイズの配列と比較すると，記憶領域は約 2 倍必要である．

なお，連結リストをプログラミング言語を用いて実装する方法は，各プログラミング言語により異なる．C では レコードを構造体で定義し，malloc などの関数により動的にレコードを生成することで連結リストの各操作を実現できる．また，Java ではレコードをクラスとして定義し，new 命令により動的にレコード生成を行う．これらの実装について詳しく知りたい場合は，各言語の参考文献を参照するとよい．

2.3 スタックとキュー

配列や連結リストといったもっとも基本的なデータ構造に続いて，コンピュータ上で大量のデータを連続的に処理する場合に使用されるデータ構造について説明する．実社会でもコンピュータ上でも，処理しなければならない仕事やデータが多すぎて，処理が追いつかない状況は頻繁に発生する．このような場合，たまっている仕事やデータをどのような順番で処理するかが重要である．

たとえば，以下のような場合を考えてみよう．あなたは図書館で試験勉強をしているとする．このとき，親友が恋愛相談にのってほしいと声をかけてきたので返事をしようとしたら，親から携帯電話に電話がかかってきた．この場合，(A)試験勉強をする，(B)恋愛相談にのる，(C)携帯電話にでる，という3つの作業を処理しなければならないが，どのような順番で処理をこなすべきだろうか．多くの人は，まず携帯電話にでて親からの電話を早急に済ませ，電話が済んだ後に友達からの恋愛相談にのり，恋愛相談が済んだら試験勉強に戻るという (C) → (B) → (A) の順番で処理する

だろう．つまり，この場合は，依頼された順番が遅いものから順番に処理している．

　もう一つ別の例を考えてみよう．あなたはファストフード店で注文を受けるアルバイトをしているとする．このファストフード店はお客が多く，レジの前に3人のお客が並んでいる．あなたは，3人のお客から，それぞれ(A)チーズバーガーとコーラ，(B)てりやきバーガーとオレンジジュース，(C)フィッシュバーガーとコーヒー，という注文をこの順番に受けた．この場合は，特定の注文の調理時間が長くかかるなどの特別な問題がなければ，注文順に(A)→(B)→(C)の順番で注文の商品を提供しなければお客から苦情をいわれるだろう．つまり，この場合は，依頼された順番が早いものから処理しなければならない．

　このように，複数の仕事の代表的な処理方法には，つぎの2つの方式がある．
　　① 処理要求の順番が遅いものから処理する．
　　② 処理要求の順番が早いものから処理する．

　アルゴリズムの分野では，①の処理方式を **LIFO**（last in first out の略で，リフォまたはライフォという）とよび，②の処理方式を **FIFO**（first in first out の略で，フィフォまたはファイフォという）とよぶ．これら2つの処理方式において，その処理要求の大量のデータを記憶するための方式が，スタックとキューとよばれるデータ構造である．以下では，これらのスタックとキューというデータ構造の概念と実現方法について順に説明していく．

スタック

　スタックは，LIFOの順序でデータの格納，および取り出しを行うためのデータ構造である．このスタックの基本的な概念としては，図2.9のような，積み上げられた本の山を思い浮かべればよい．この例においてデータを格納するということは，本の山の上にさらに本を積み重ねることであり，一番上にしか本を追加することができない．逆に，データを取り出すということは，本の山から本を取り出すことであり，この場合も，一番上の本からしか取り出すことができない．

図 2.9　スタックの概念を表す例

　アルゴリズムで用いられるスタックでは，スタックに対するデータの格納操作をpush（**プッシュ**），データの取り出し操作をpop（**ポップ**）とよび，以下のように関数として定義する．

　　`push(S,x)`：スタック S に対して，データ x を格納する．
　　`pop(S)`：スタック S からデータを取り出し，そのデータを出力する．

　図2.10にスタックとスタックに対する操作の概念図を示す．図(a)は，1, 4, 2という順番でデータが格納されたスタック S を表している．このスタックに対して，

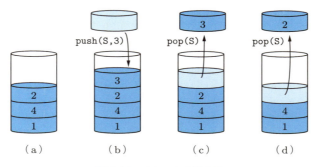

図 2.10　スタックの概念図

push(S,3)，pop(S)，pop(S) という順番に操作したスタックの様子を，それぞれ図 2.10 (b)，(c)，(d) に示す．

それでは，このスタックをアルゴリズム中で用いるための実現方法について説明しよう．このスタックの一般的な実現方法としては，配列を用いる方法と連結リストを用いる方法があるが，以下では配列を用いる方法について説明する．

配列を用いてスタックを実現する場合は，スタックを表す配列 S とスタックの一番上のデータの格納場所の添字を表す変数 top を用いることにより，アルゴリズム 2.4 のように関数 push と関数 pop を実現することができる．

アルゴリズム 2.4　関数 push と関数 pop

関数 push の入力：スタックを表すサイズ n の配列 S，および追加するデータ x
```
push(S,x) {
  top=top+1;
  if (top==n) { "オーバーフロー"と出力; }
  else { S[top]=x; }
}
```
関数 pop の入力：スタックを表すサイズ n の配列 S
```
pop(S) {
  if (top==-1) { "アンダーフロー"と出力; }
  else { S[top]の値を出力; top=top-1; }
}
```

図 2.10 に対応するアルゴリズム 2.4 による push，pop の様子を図 2.11 に示す．図 2.11 (a)，(b)，(c)，(d) は，図 2.10 (a)，(b)，(c)，(d) にそれぞれ対応している．関数 push によりデータを追加する場合は，変数 top を 1 だけ増加させ，データを配列中の top が示す場所に格納する．また，関数 pop によりデータを取り出す場合は，配列中の top が示す場所のデータを取り出し，top を 1 だけ減少させる．ただし，スタックに格納されるデータ数が配列のサイズより大きくなる場合（オーバーフローとよばれる）や，スタックに格納されたデータが存在しないのに，pop が実行されようとする場合（アンダーフローとよばれる）の処理を考慮する必要がある．アルゴリズム 2.4 の push と pop は，これらの処理も考慮したアルゴリズムとなっている．

アルゴリズム 2.4 からわかるように，配列を用いた場合の push および pop は，どちらも $O(1)$ 時間で実行できる．

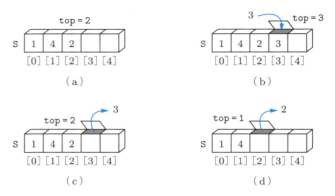

図 2.11 配列を用いたスタックの実現

なお，配列を用いた空のスタックを準備するためには，十分なサイズの配列を準備すると同時に変数 top の値を初期化する必要がある．どのような値に初期化すればよいかを章末の演習問題としているので，各自で考えてほしい．

キュー　　キューは，FIFO の順序でデータの格納，および取り出しを行うためのデータ構造である．このキューの概念を表すものとしては，図 2.12 のような繁盛しているラーメン屋や混雑したレジの前などの行列がある．このような行列では，必ず列の先頭から順番に食事や支払いなどの処理が実行される．

図 2.12 キューの概念を表す例

アルゴリズムで用いられるキューでは，キューに対するデータの格納操作を enqueue（**エンキュー**），データの取り出し操作を dequeue（**デキュー**）とよび，以下の関数で定義する．

　　enqueue(Q,x)：キュー Q に対して，データ x を格納する．

　　dequeue(Q)：キュー Q からデータを取り出し，そのデータを出力する．

図 2.13 にキューとキューに対する操作の概念図を示す．この図では，キューは横に寝かされた円筒形の容器として表されており，右からデータを追加し，左からデータを取り出すようになっている．図(a)は 1，4，2 というデータがこの順番で格納

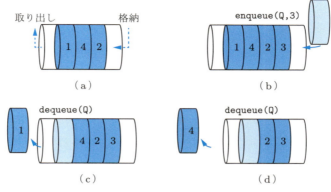

図 2.13 キューの概念図

されたキュー Q を表している．このキューに対して，enqueue(Q,3), dequeue(Q), dequeue(Q) と順番に操作したキューの様子を，それぞれ図(b), (c), (d)に示す．

このキューをアルゴリズム中で用いるための一般的な実現方法としては，配列を用いる方法と連結リストを用いる方法がある．ここではスタックの場合と同様に，配列を用いて実現する方法について述べる．配列を用いてキューを実現する場合は，キューを表す配列 Q とキューの左端を表す変数 left，およびキューの右端を表す変数 right を用いることにより，アルゴリズム 2.5 のように，関数 enqueue と関数 dequeue を実現することができる．ただし，変数 right はキューに格納されている右端のデータより 1 つ右の格納場所を表すことに注意しよう．

アルゴリズム 2.5　関数 enqueue と関数 dequeue

```
関数enqueue の入力：キューを表すサイズnの配列 Q，および追加するデータ x
enqueue(Q,x) {
  Q[right]=x;
  right=right+1;
  if (right==n) right=0;
  if (left==right) { "オーバーフロー"と出力; }
}
関数dequeue の入力：スタックを表すサイズnの配列 Q
dequeue(Q) {
  if (left==right) { "アンダーフロー"と出力; }
  else {
    Q[left]の値を出力;
    left=left+1;
    if (left==n) left=0;
  }
}
```

図 2.13 に対応するアルゴリズム 2.5 による enqueue, dequeue の様子を図 2.14 に示す．図 2.14 の(a), (b), (c), (d)は，図 2.13 の(a), (b), (c), (d)にそれぞれ対応している．関数 enqueue においてキューにデータを追加する場合は，配列中の right が示す格納場所にデータを格納し，right を 1 だけ増加させる．また，関数 dequeue

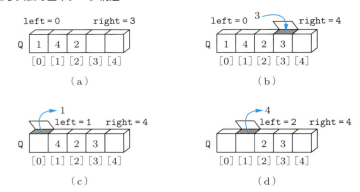

図 2.14 配列を用いたキューの実現

においてデータを取り出す場合は，`left` が示す場所のデータを取り出した後に，`left` を 1 だけ増加させる．

ただし，そのままで `enqueue` および `dequeue` を繰り返すと，変数 `right` および `left` はつねに増加するので，キューの中にデータがないにもかかわらず配列を使いきってしまう場合が起こる．このような状況を避けるために，変数 `right` および `left` が配列サイズ n と同じ値になった場合は，配列を左端から再利用するために，変数の値を 0 に初期化している．

また，アルゴリズム 2.5 は，スタックの場合同様にオーバーフローやアンダーフローの場合も考慮したアルゴリズムとなっている．オーバーフローのチェックがデータを追加後に行われているが，このチェックはデータの追加前には行うことができない．その理由は各自で考えてほしい．

上記のアルゴリズム 2.5 より，配列を用いた場合のキューに対する `enqueue` および `dequeue` は，どちらも $O(1)$ 時間で実行できることがわかる．

スタックの場合と同様に，配列による空のキューを準備するためには，変数 `left` と `right` の値を初期化する必要がある．こちらも章末の演習問題としているので，どのような値にすればよいかを考えてみてほしい．

第 2 章のポイント

1. **配列**では，データは連続的に格納されているので，配列中の番号を指定することにより任意の格納場所に対して定数時間でデータの読み出しと格納を行うことができる．しかし，サイズが n の配列へのデータの追加や削除は $O(n)$ 時間必要であり，また，配列のサイズはあらかじめ決めておかなければならない．

2. **連結リスト**では，1 つのデータをレコードとよばれる格納場所で管理し，各レコードをポインタで指すことによりデータの列を作成する．格納するデータのサイズに応じて格納場所を変更できたり，先頭データの追加や削除が $O(1)$ 時間で実行できるという利点がある．一方で，連結リスト内部の要素の探索に時間がかかったり，同じサイズの配列の約 2 倍の記憶領域が必要であったりという欠点もある．

3. **スタック**は，処理要求の順番が遅いものから処理を済ませるという順序でデータ

を格納しておくためのデータ構造であり，データを格納する関数 push とデータを取り出す関数 pop により操作が行われる．配列を用いてスタックを実現した場合，関数 push および関数 pop はどちらも $O(1)$ 時間で実行可能である．

4. **キュー**は，処理要求の順番が早いものから処理を済ませるという順序でデータを格納しておくためのデータ構造であり，データを格納する関数 enqueue とデータを取り出す関数 dequeue により操作が行われる．スタックの場合同様，配列を用いてキューを実現した場合，関数 enqueue および関数 dequeue はどちらも $O(1)$ 時間で実行可能である．

演習問題

2.1 以下の文章の①〜⑥について，それぞれ正しい記号を下から選べ．正しい記号が複数存在する場合はすべて列挙せよ．ただし，⑤と⑥については，もっとも適切なものを1つだけ選ぶこと．

配列は，（ ① ）．一方，連結リストは，（ ② ）．
スタックは，（ ③ ）ためのデータ構造であり，キューは，（ ④ ）ためのデータ構造である．配列を用いて n 個のデータを格納するスタックを実現した場合，そのスタックに対する push と pop の時間計算量は，どちらも（ ⑤ ）である．また，配列を用いて n 個のデータを格納するキューを実現した場合，そのキューに対する enqueue と dequeue の時間計算量は，どちらも（ ⑥ ）である．

①： a. 格納するデータのサイズをあらかじめ決めておく必要がある
　　 b. データの追加は連結リストよりつねに高速に実行できる
　　 c. 任意の格納場所に対して $O(1)$ 時間でデータの読み出しと書き込みが実行可能である
　　 d. サイズが大きく変化するデータを格納するのに向いている
②： a. 格納するデータのサイズ変更に対応できる
　　 b. 同じデータを格納する配列より必要な記憶領域はつねに小さい
　　 c. 先頭のデータの削除は $O(1)$ 時間でできる
　　 d. 1つのデータをレコードと呼ばれる格納場所で管理する
③： a. 処理要求の順番が早いものから処理を済ませる
　　 b. LIFO の順序でデータを格納する
　　 c. 処理要求の順番が遅いものから処理を済ませる
　　 d. FIFO の順序でデータを格納する
④： a. 処理要求の順番が早いものから処理を済ませる
　　 b. LIFO の順序でデータを格納する
　　 c. 処理要求の順番が遅いものから処理を済ませる
　　 d. FIFO の順序でデータを格納する
⑤： a. $O(n)$　　b. $O(\log n)$　　c. $O(1)$　　d. $O(2^n)$
⑥： a. $O(n)$　　b. $O(\log n)$　　c. $O(1)$　　d. $O(2^n)$

2.2 スタックを表す配列 S を空に初期化する場合，変数 `top` はどのような値にすればよいか答えよ．また，キューを表す配列 Q を空に初期化する場合，変数 `left` と変数 `right` はどのような値にすればよいかを答えよ．

2.3 空のスタック S に対して以下の操作を順番に実行した．

$$\text{push}(S,4) \to \text{push}(S,3) \to \text{push}(S,8) \to \text{pop}(S) \to \text{pop}(S) \to \text{push}(S,7)$$
$$\to \text{push}(S,1) \to \text{pop}(S)$$

(1) 1 回目，2 回目，3 回目の `pop` で出力される値をそれぞれ答えよ．
(2) このスタックが配列 S[0]〜S[3] で実現されている場合，操作終了後の配列の状態を，図 2.11 (a) と同様に示せ．

2.4 空のキュー Q に対して以下の操作を順番に実行した．

$$\text{enqueue}(Q,4) \to \text{enqueue}(Q,3) \to \text{enqueue}(Q,8) \to \text{dequeue}(Q)$$
$$\to \text{dequeue}(Q) \to \text{enqueue}(Q,7) \to \text{enqueue}(Q,1) \to \text{dequeue}(Q)$$

(1) 1 回目，2 回目，3 回目の `dequeue` で出力される値をそれぞれ答えよ．
(2) このキューが配列 Q[0]〜Q[3] で実現されている場合，操作終了後の配列の状態を，図 2.14 (a) と同様に示せ．

第3章

アルゴリズムにおける基本概念

keywords

木，2分木，完全2分木，再帰，再帰木

　本章では，前章に引き続き，アルゴリズムをコンピュータ上で実行する場合の基本要素について説明する．ここで説明するのは，アルゴリズムの作成や理解に必要となる基本的な概念や手法である．まず，データの集合を視覚的に表現し，データ間の順序や依存関係を表す場合によく用いられる木とよばれる概念を紹介し，木を表すデータ構造について説明する．つぎに，関数の処理方法の1つである再帰について説明し，再帰アルゴリズムの動作や時間計算量を木を用いて表す方法を示す．

3.1 木

木の概念　　アルゴリズムの中で用いられる**木**という概念は，難しくいえば "グラフとよばれる数学的抽象概念の特殊形" であるが，一般生活ではデータを視覚的に表すための図として頻繁に用いられている．木の例としては，図3.1 (a) に示すようなトーナメント表や，図(b)に示すような会社の組織図などがある．

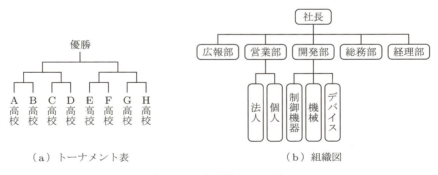

（a）トーナメント表　　　　　　　（b）組織図

図 3.1　一般生活における木

　ここでは，まず木の定義を用語とともに順番に説明していこう．図3.2に木の例を示してあるので，この図を見ながら以下の定義を理解してほしい．

　木は円を用いて表される**節点**とよばれる集合と，節点の対を結ぶ線で表される**辺**とよばれる集合で構成される．各節点はデータをもつ場合があり，その場合は，円で表

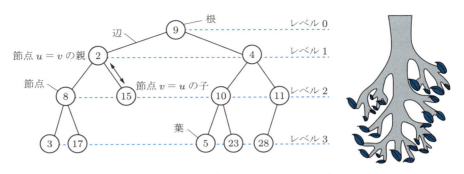

図 3.2 アルゴリズムにおける木と実際の木

される節点の内部にそのデータを記入する.

　節点の中には**根**とよばれる起点となる節点が1つだけ存在し，一般的に木は根を起点とし，下に分岐するように描かれる．2つの節点 u, v が辺で結ばれており，節点 u のほうが節点 v より根に近いとき，節点 u は節点 v の**親**であるといい，節点 v は節点 u の**子**であるという．木では2つの異なる節点が共通の子をもつことはない．また，子をもたない節点を**葉**とよび，葉以外の節点を**内部節点**とよぶ．図 3.2 は各節点が整数のデータをもつ木の例だが，右に描いてある実際の木の例からわかるように，アルゴリズムで用いられる木は，実際の木とは上下が逆の概念である．

　木の中のどの節点も k 個以下の子しかもたない木のことを k **分木**といい，とくに $k=2$ の場合の木を **2 分木**という．図 3.2 の木は，すべての節点が 2 個以下の子しかもたないので 2 分木である．

　木に含まれる 2 つの節点は，節点と辺の列により必ず結ばれるが，この列のことを 2 つの節点間の**経路**とよぶ．また，ある節点から根までの経路に含まれる辺の数をその節点の**レベル**とよび，木に含まれる葉のレベルの最大値に 1 を加えたものを木の**高さ**とよぶ．図 3.2 では同じレベルの節点を破線で結び表しており，木の高さは 4 である．

　また，すべての葉のレベルが同じで，かつすべての内部節点に k 個の子をもつ場合，この木を**完全 k 分木**とよび，とくに $k=2$ の場合の木を**完全 2 分木**とよぶ．図 3.3 に高さが 5 の完全 2 分木の例を示す．

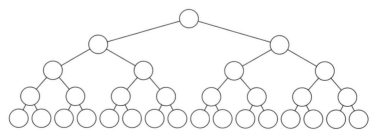

図 3.3 完全 2 分木

2 分木の性質　　上記の完全 2 分木はもっとも基本的な木であり，アルゴリズムの解析や実行の様子の表現にもよく利用される．ここでは，完全 2 分木について後で利用さ

れるいくつかの重要な性質について述べておく．

まず，完全2分木の高さと葉の数の関係について考える．完全2分木において，レベルが0の節点数は1であり，レベルが1の節点数は2である．以下，レベルが1増加するごとに，そのレベルの節点数は2倍になることが完全2分木の定義からわかるので，レベルがkの節点数は2^k個である．ここで，木の高さは"木に含まれる葉のレベルの最大値に1を加えたもの"と定義されているので，以下の性質が成り立つ．

●**性質 3.1**

完全2分木の葉の数は，その完全2分木の高さをhとすると，$2^{h-1} = O(2^h)$である．

上記の性質とは逆に，葉の数がm個のときの完全2分木の高さを考えてみる．葉の数がm個のときは，完全2分木の高さをhとすると，性質3.1より$m = 2^{h-1}$が成り立つので，$h = 1 + \log_2 m$となる．したがって，hをオーダ記法を用いて表すと以下の性質が成り立つ．

●**性質 3.2**

完全2分木の高さは，その完全2分木の葉の数をmとすると，$1 + \log_2 m = O(\log m)$である．

つぎに，完全2分木の高さと木に含まれる節点の数の関係について考える．前述のとおり，完全2分木においてレベルがkの節点数は2^k個である．したがって，完全2分木の高さをhとすると，その木に含まれる節点の数は各レベルの節点数の和であるので，以下の式で表される．

$$1 + 2 + 4 + 8 + \cdots + 2^{h-1} = \sum_{k=0}^{h-1} 2^k$$

この式は，初項が1，公比が2の等比数列の和である．ここに，初項a，公比rの等比数列の和の公式 $\sum_{i=0}^{n-1} a \cdot r^i = a \cdot \dfrac{1-r^n}{1-r}$ を用いると，以下の式が得られる．

$$\sum_{k=0}^{h-1} 2^k = 1 \cdot \frac{1-2^h}{1-2} = 2^h - 1$$

よって，この式より以下の性質が得られる．

●**性質 3.3**

完全2分木の節点の数は，その完全2分木の高さをhとすると，$2^h - 1 = O(2^h)$である．

また，この性質とは逆に，節点の数がnの場合の完全2分木の高さを考える．節点の数がnの場合は，完全2分木の高さをhとすると，性質3.3より$n = 2^h - 1$が成り立つ．これより，$h = \log_2(n+1)$であり，以下の性質が成り立つ．

●性質 3.4

完全2分木の高さは，その完全2分木の節点の数を n とすると，$\log_2(n+1) = O(\log n)$ である．

これらの木に関する性質をまとめると，"完全2分木の高さは，節点の数や葉の数に対して対数関数となっており，完全2分木の節点の数や葉の数は，高さの指数関数となっている"ということである．これはさまざまなアルゴリズムの計算量を考えていくうえで重要な性質なので，おぼえておくとよい．

木の実現　木をアルゴリズム中で用いるための実現方法はさまざまなものがあり，それらの多くをここで説明するのは難しい．そこで，ここでは，配列を用いて完全2分木を表現する方法のみを説明する．これは，後述のヒープとよばれるデータ構造で木を使用する場合に用いられる方法である．

まず，木の節点を区別するために，各節点に番号を付ける．すべての節点に異なる番号を付けるために，この番号付けは以下のような方針で行う．

① 木の根を表す節点の番号を1とする．
② 番号 i をもつ節点の2つの子について，左側の子の番号を $2i$，右側の子の番号を $2i+1$ とする（図 3.4 (a)）．

この方針により根から葉に向かって各レベルごとに番号付けを行うと，図 3.4 (b) のように各節点に対して固有の連続した番号を付けることができる．

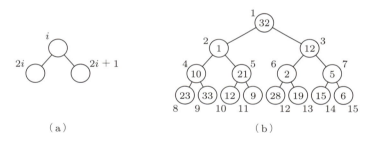

図 3.4　番号付けされた完全2分木とその番号付けの方針

つぎに，木を表す配列 T を準備する．配列 T のサイズは，木に含まれる節点の数が n である場合は，少なくとも $n+1$ でなければならない．この配列を用いて木を実現するには，番号が i の節点のデータを T[i] に格納するとよい．図 3.5 に図 3.4 (b) の木のデータを格納する配列を示す．なお，T[0] は使用しないので図から省略している．

T	32	1	12	10	21	2	5	23	33	12	9	28	19	15	6
	[1]	[2]	[3]	[4]	[5]	[6]	[7]	[8]	[9]	[10]	[11]	[12]	[13]	[14]	[15]

図 3.5　完全2分木を表す配列

この配列を用いると，番号が i の節点のデータは T[i] に格納されており，番号 i の節点の2つの子のデータは，それぞれ T[2i] と T[2i+1] に格納されている．また，番

号 i の節点の親のデータは，$k = \left\lfloor \dfrac{i}{2} \right\rfloor$ [1]と計算される添字 k を用いた T[k] に格納されている．

3.2 再　帰

再帰の概念と動作　アルゴリズム中で関数を用いる場合，関数の中でその関数自身を呼び出すことができる．このような関数の処理方法を**再帰**とよび，再帰的な関数を含むアルゴリズムのことを**再帰アルゴリズム**とよぶ．再帰はアルゴリズムを考えるうえで非常に重要な要素であるが，アルゴリズムの記述からその動作を直感的に想像できないので，アルゴリズムの動作の把握が難しいと感じる人も多い．ここでは再帰アルゴリズムについて，その概念と動作を可視化する手法について説明するとともに，再帰アルゴリズムの時間計算量の計算方法について述べる．

まず，再帰の概念について簡単な例を用いて説明する．最初に，高校で漸化式を習ったときにでてきたような以下の問題について考えてみよう．

> **[問題 3.1]**
> ある細胞は，試験管中で 1 分経過すると分裂し，数が 2 倍になるが，分裂直後に全細胞のうち 1 つは死滅してしまう．最初に試験管に 10 個の細胞を入れたとき，細胞を入れてから n 分後の試験管中の細胞の数はいくつか．

この問題 3.1 の n 分後の細胞の個数を $c(n)$ という関数で表すと仮定する．この $c(n)$ を n を用いた式としていきなり求められれば話は早いが，一般にはそのような計算は難しい．ただし，n 分後の細胞の個数 $c(n)$ と $n-1$ 分後の細胞の個数 $c(n-1)$ の関係は，問題 3.1 の文章より，$c(n) = 2 \times c(n-1) - 1$ という漸化式で表すことができるのがわかる．また，試験管に細胞を入れたときには 10 個の細胞があると仮定しているので，$c(0) = 10$ である．

これだけの情報から，$c(n)$ を求めるアルゴリズムを作ることができるだろうか．このような問題については，上記の漸化式から n 分後の細胞の個数を求める以下のような再帰的な関数 cell(n) を作成することができる．

```
アルゴリズム 3.1

cell(n) {
  if (n==0) { return 10; }
  else { return 2*cell(n-1)-1; }
}
```

この再帰的な関数 cell(n) はどのように実行されるのかを，$n = 3$ の場合について図 3.6 を用いて考えてみよう．

---

[1] $\lfloor x \rfloor$ という記号は，x を超えない最大の整数 (x を切り下げた整数) を表す．

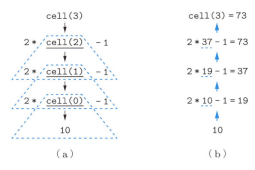

図 3.6 再帰の様子

　まず，図 3.6 (a) により，再帰が展開される様子を説明する．はじめに，cell(3) という形で呼び出された関数は，return 2*cell(2)-1 という行により値を出力しようとする．ところが，cell(2) はまだ計算されていないので，再度関数 cell(2) を呼び出し，return 2*cell(1)-1 という行により値を出力しようとする．ここで，cell(1) はまだ計算されていないので，さらに関数 cell(1) を呼び出し，return 2*cell(0)-1 という行により値を出力しようとし，関数 cell(0) を呼び出す．このとき，cell(0) の値は，アルゴリズムの if 文より 10 であると出力されるので，再帰の展開をここで終了する．

　展開の終了した関数は，図 3.6 (b) に示すように，その値を呼び出した関数に渡す．値を渡された関数は出力の値の計算を行い，さらに上位の関数に値を渡す．最後に cell(3) の出力に値が渡されることにより，アルゴリズムは終了となる．このように，アルゴリズムの実行をていねいに追っていけば，再帰アルゴリズムの動作を理解することはそれほど難しくない．

再帰木を用いた再帰アルゴリズムの計算量の求め方(1)

それではつぎに，別の簡単な例を用いて，再帰アルゴリズムの時間計算量の求め方について説明していこう．問題として，配列 A[0], A[1], ..., A[n-1] に格納されている n 個の整数の和を求めることを考える．この和は，以下のような再帰を用いない単純なアルゴリズムで求めることができる．

アルゴリズム 3.2　和の計算

```
sum=0;
for (i=0; i<n; i=i+1) { sum=sum+A[i]; }
sum を出力;
```

このアルゴリズムの時間計算量は，for 文による n 回の繰り返しにより $O(n)$ である．

　この和を再帰アルゴリズムで求めてみよう．はじめに，配列 A[0] から A[i] までの和 $\sum_{j=0}^{i} A[j]$ を表す関数を sum(i) とする．このとき，sum(i) は sum(i-1) と A[i] を用いて，

$$\text{sum(i)} = \text{sum(i-1)} + \text{A[i]}$$

と表すことができる．この考え方を用いると，以下の再帰的な関数 recursive_sum1 が作成できるだろう．

> **アルゴリズム 3.3　和の計算を行う再帰アルゴリズム（その 1）**
> ```
> recursive_sum1(A[0], A[1], ..., A[n-1])  {
>   if (入力の引数が A[0] のみである) { return A[0]; }
>   else return recursive_sum1(A[0], A[1], ..., A[n-2])+A[n-1];
> }
> ```

ここで，上記アルゴリズム 3.3 の計算量を考える．まず，n 個の和を求めるアルゴリズム全体の時間計算量を $T(n)$ とおく．このとき，上記のアルゴリズムは，定数個の演算（if 文や加算など）と時間計算量が $T(n-1)$ となる関数の再帰的な呼び出しから構成されている．したがって，定数個の演算の時間計算量を定数 c とおくと，$T(n)$ について以下の式が成り立つ．

$$T(n) = \begin{cases} T(n-1) + c & (n \geq 2 \text{ の場合}) \\ c & (n = 1 \text{ の場合}) \end{cases}$$

この例のように，再帰アルゴリズムの時間計算量は漸化式で表されることが多い．この漸化式で表された時間計算量をもつ再帰アルゴリズムに対して，その実行を可視化し，時間計算量を求めるための便利な方法が，**再帰木**とよばれる木を描く方法である．再帰木は以下のような手順で描くことができる．

① 漸近的な時間計算量のうち再帰を表していない部分を木の根として一番上に書き，その下に再帰を表す節点を描いて線で結ぶ．
② ①の操作を再帰が終了するまで繰り返す．

上記の手順に従って，アルゴリズム 3.3 の再帰木を描く様子を図 3.7 に示す．図 (a) では，上記手順の①に基づいた最初の木が描かれており，図 (a) から漸化式を 1 回展開することにより図 (b) の木が，図 (b) からさらに漸化式を展開することにより図 (c) の木が得られる．そして，再帰が終了するまでこれを繰り返すことにより図 (d) の再帰木が得られる．

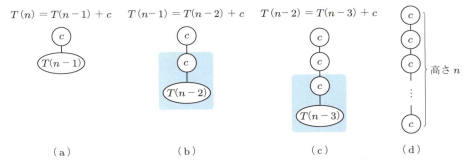

図 3.7　アルゴリズム 3.3 の再帰木

この再帰木は，再帰アルゴリズムに対して何を表している図なのだろうか．まず，再帰木の高さは，再帰の深さ（再帰的に繰り返し関数が呼び出される回数）を表してい

ることがわかる．また，各節点の値は，その節点が表す再帰を終了するのに必要な時間計算量を表している．したがって，再帰アルゴリズムの時間計算量は，再帰木のすべての節点が表す値の和に等しいことになる．図 3.7 (d) の再帰木の場合は，再帰木の高さは n であり，各レベルの節点数は 1，各節点の値は c であるので，この再帰木で表される再帰アルゴリズムの時間計算量は $c \times n = O(n)$ である．

■再帰木を用いた再帰アルゴリズムの計算量の求め方 (2)

再帰木をさらに理解するために，配列 A[0], A[1], ..., A[n-1] の和を求める別の再帰アルゴリズムについて考える．アルゴリズム 3.4 は，配列 A[0], A[1], ..., A[n-1] の和が，その配列の半分ずつの和を足したものに等しいという以下の式に基づいた再帰アルゴリズムである．

$$\sum_{i=0}^{n-1} \mathtt{A[i]} = \sum_{i=0}^{\lfloor \frac{n-1}{2} \rfloor} \mathtt{A[i]} + \sum_{i=\lfloor \frac{n-1}{2} \rfloor+1}^{n-1} \mathtt{A[i]}$$

アルゴリズム 3.4　和の計算を行う再帰アルゴリズム（その 2）

```
recursive_sum2(A[0],A[1],...,A[n-1]) {
  if (入力の引数がA[k]という1つの配列要素のみである) { return A[k]; }
  else {
    配列Aを半分ずつの以下の2つの配列に分割する；
      A1={A[0],A[1],...,A[(n-1)/2]}
      A2={A[(n-1)/2+1],A[(n-1)/2+2],...,A[n-1]}
    x=recursive_sum2(A1);
    y=recursive_sum2(A2);
    return x+y;
  }
}
```

なお，簡単のため，アルゴリズム 3.4 では n は 2 のべき乗の数であると仮定している．

このアルゴリズム 3.4 の計算量を考える．n 個の和を求めるのに必要なアルゴリズムの時間計算量を $T(n)$ とおくと，このアルゴリズム 3.4 は，定数個の演算 (if 文や加算など) と時間計算量が $T\left(\frac{n}{2}\right)$ となる 2 つの再帰呼び出しから構成されている．したがって，定数個の演算の時間計算量を定数 c とおくと，$T(n)$ について以下の式が成り立つ．

$$T(n) = \begin{cases} 2T\left(\dfrac{n}{2}\right) + c & (n \geq 2 \text{ の場合}) \\ c & (n = 1 \text{ の場合}) \end{cases}$$

上記の漸化式に基づいた再帰木を図 3.8 に示す．まず，式に基づき図 (a) の木が得られ，ここから漸化式を 1 回展開することにより図 (b) の木が得られる．そして，この木を再帰が終了するまで展開することにより図 (c) の再帰木が得られる．

ここで，この再帰木の高さを h とおいて，再帰途中の入力サイズに着目して h の値を求める．再帰を始める前の入力サイズが n であり，再帰木のレベルが 1 つ増えるごとに入力サイズは $\dfrac{1}{2}$ になる．したがって，再帰木のレベル k における入力サイズは

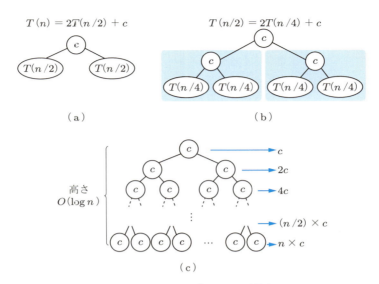

図 3.8 アルゴリズム 3.4 の再帰木

$\left(\dfrac{1}{2}\right)^k n$ となる．この入力サイズが 1 になるまで再帰は繰り返されるので，再帰木の高さ h について，以下の式が成り立つ．

$$\left(\dfrac{1}{2}\right)^{h-1} n \leq 1$$

この式は，アルゴリズム 1.3 の計算量の場合と同じように解くことができ，$h = O(\log n)$ となる．また，この再帰木は完全 2 分木であり，葉の数は入力サイズ n に等しいので，性質 3.2 からも $h = O(\log n)$ であることがわかる．

この h を用いて再帰木により表される時間計算量を求める．図 3.8 (c) に表されているように，再帰木の各レベルに含まれる節点の値の和は $c, 2c, 4c, \ldots, \dfrac{n}{2}c, nc$ という初項 c，項比 2 の等比数列となっている．また，再帰木の高さは性質 3.2 より $1 + \log_2 n$ であり，この数列の項数は木の高さに等しいので，$1 + \log_2 n$ である．よって，初項 a，公比 r の等比数列の和の公式 $\sum_{i=0}^{n-1} a \cdot r^i = a \cdot \dfrac{1-r^n}{1-r}$ を用いて，再帰木のすべての節点の値の和であるアルゴリズム 3.4 の時間計算量を求めると，以下の式により $O(n)$ であることがわかる．

$$\sum_{i=0}^{\log_2 n} c \cdot 2^i = c \cdot \dfrac{1 - 2^{1+\log_2 n}}{1 - 2} = c(2n - 1) = O(n)$$

再帰に関する注意　最後に再帰に関する注意を述べる．本節で述べた再帰アルゴリズムの例は，再帰の概念や再帰木の説明のためのものであり，一般には整数の和のような再帰的な性質がない問題に対して再帰アルゴリズムを用いて解く必要はない．アルゴリズム 3.2 の時間計算量とアルゴリズム 3.3 やアルゴリズム 3.4 の時間計算量を比較するとわかるように，一般に再帰を用いてもアルゴリズムの時間計算量が良くなる

ことはない．逆に再帰アルゴリズムにすると，時間計算量は悪くなることも多い．

しかし，再帰的な性質をもつ問題については，再帰という手法は非常に有効にはたらく．あとででてくるマージソートやクイックソートといった重要な問題に対する再帰アルゴリズムの例をみると，アルゴリズムを再帰的な関数として実現することによって，アルゴリズムの理解が容易になるだけでなく，アルゴリズムの記述の量も非常に簡単になっていることがわかるだろう．

第3章のポイント

1. **木**はデータの集合を視覚的に表現し，データ間の順序や依存関係を表すことのできるデータ構造である．代表的な木としては**完全2分木**があるが，完全2分木の高さは節点の数や葉の数に対して対数関数となっており，完全2分木の節点の数や葉の数は高さの指数関数となっている．
2. アルゴリズム中で木を実現する方法はさまざまなものがあるが，完全2分木は配列を用いて表すことができる．
3. 関数の中でその関数自身を呼び出す関数の処理方法を**再帰**とよび，再帰的な関数を含むアルゴリズムのことを**再帰アルゴリズム**とよぶ．再帰アルゴリズムの動作や時間計算量は，再帰木を用いて検証することができる．

演習問題

3.1 以下の文章の①〜④について，それぞれ正しい記号を下から選べ．正しい記号が複数存在する場合はすべて列挙せよ．

木とよばれるデータ構造は，（ ① ）．とくに，完全2分木とよばれる木は，節点数が n の場合は，（ ② ）である．

再帰アルゴリズムは，（ ③ ）．また，再帰アルゴリズムの時間計算量は，（ ④ ）．

①：a. データ間の順序や依存関係を表すことができる
　　b. 各節点のレベルはその親のレベルよりも小さい
　　c. 根とよばれる特別な節点が存在する　　d. 葉は必ず子をもたない
②：a. 高さが $O(\log n)$　　　　　　　　　b. 葉の数が $O(\log n)$
　　c. n は2のべき乗の数　　　　　　　　d. すべての葉は同じレベル
③：a. 再帰的にしか求められない場合に用いられる
　　b. 時間計算量を求められない　　　　c. 関数として定義しなくてもよい
　　d. 関数内で再帰的な関数呼び出しを実行する
④：a. 再帰木を用いて求められる　　　　b. 再帰木の高さに比例する
　　c. 再帰木の節点数に比例する　　　　d. 再帰木の葉の数に比例する

3.2 すべての内部節点に3つの子をもち，かつ，すべての葉のレベルが同じ木を完全3分木とよぶ．以下に，高さが3の完全3分木を示す．

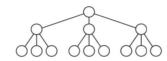

(1) 完全3分木の高さが h のときの葉の数と節点の数を求めよ．
(2) 完全3分木の節点の数が n のときの木の高さを求めよ．

3.3 n が2のべき乗の数のとき，定数 a に対して $a^n = a^{\frac{n}{2}} \times a^{\frac{n}{2}}$ が成り立つ．この性質により，a^n を求める以下のような2つの再帰アルゴリズムが考えられる．

アルゴリズム 3.5　アルゴリズム A

```
pow1(n) {
  if (n==1) { return a; }
  else { return pow1(n/2)*pow1(n/2); }
}
```

アルゴリズム 3.6　アルゴリズム B

```
pow2(n) {
  if (n==1) { return a; }
  else { p=pow2(n/2); return p*p; }
}
```

アルゴリズム A，Bの再帰木を描き，それぞれのアルゴリズムの時間計算量を求めよ．

3.4 フィボナッチ数とは，以下の式により定義される数列である．

$$F(0) = F(1) = 1$$
$$F(n) = F(n-1) + F(n-2) \quad (n \geq 2 \text{ の場合})$$

(1) このフィボナッチ数を求める再帰アルゴリズムを示せ．
(2) (1)の再帰アルゴリズムの $n=5$ の場合の再帰木を描け．
(3) (1)の再帰アルゴリズムの時間計算量を求めよ．

第4章

データの探索

keywords
探索，線形探索，2分探索法，ハッシュ法，ハッシュ関数，探索アルゴリズムの比較

多くのデータの中から目的のデータをみつけなければならないことは，日常でもコンピュータ上でもよくある．たとえば，日常では，英語の試験勉強をしているときに辞書でわからない単語の意味を調べたり，本棚に並んでいる本の中から読みたい本を探したり，また，コンピュータ上では，見てみたい Web サイトを検索サイトを使って探したり，インターネット上のオークションでほしい物を探そうと商品名で検索したりする．このような多くのデータから目的のデータをみつけようとする行為を**探索**とよぶ．この探索を高速に実行するアルゴリズムは，実用的にも非常に重要である．本章では，探索を行ういくつかのアルゴリズムを説明をするとともに，その時間計算量を比較し，それぞれの状況においてどの探索アルゴリズムを使うべきかについて考える．

4.1 探索の定義と簡単な探索アルゴリズム

探索の定義　前述のように，**探索**とは，"多くのデータの中から目的のデータをみつける"ということであるが，この定義はあまりに一般的なので，本章では以下のように定義する．

◆定義 4.1　探索
探索とは，入力として n 個のデータ $d_0, d_1, \ldots, d_{n-1}$ と値 x が与えられたときに，データ中から $x = d_i$ となる d_i をみつける操作である．

また，入力によっては，探索する値 x がデータ中に含まれないこともあるが，その場合は，"データ中に存在しない"という出力を行うものとする．
この定義と実際の探索の例の対応を考えてみよう．たとえば，図 4.1 のように辞書で目的の単語の意味を調べる場合は，

　　n 個のデータ $d_0, d_1, \ldots, d_{n-1}$：辞書に載っているすべての単語
　　探索する値 x：調べる単語

という対応である．また，インターネット上のオークションの場合は，

図 4.1 一般生活における探索

 n 個のデータ $d_0, d_1, \ldots, d_{n-1}$：オークションに出品されているすべての商品名
 探索する値 x：欲しい物の商品名

という対応である．このように，実際の探索では，入力のデータ中から探索する値 x に等しいものをみつけた後に，みつけたデータに付属する情報（単語の意味や，商品の説明内容など）が必要となるが，ここではこの付属する情報については考えないものとする．

簡単な探索アルゴリズム　それでは，探索を行うアルゴリズムについて考えていこう．探索アルゴリズムを考える場合は，入力データがどのように格納されているかを併せて考える必要がある．なぜなら，入力データの格納方法により，利用できるアルゴリズムは異なり，探索に必要な時間計算量も変わってくるからである．ここでは，まず一番簡単な格納方法と探索アルゴリズムとして，n 個の入力データ $d_0, d_1, \ldots, d_{n-1}$ がそれぞれ配列 D[0], D[1], ..., D[n-1] に格納されていると仮定し，その配列を先頭からチェックするという探索アルゴリズムを説明する．このアルゴリズムは，配列の先頭から順番に探索を実行するので，**線形探索**という名前がついている．

アルゴリズム 4.1　線形探索

入力：n 個のデータを格納する配列 D と探索する値 x
```
i=0;
while (i<n) {
  if (x==D[i]) { D[i]を出力しアルゴリズムを終了; }
  else { i=i+1; }
}
"xは存在しない"と出力;
```

上記のアルゴリズム 4.1 の実行例を図 4.2 に示す．この例では，入力データはサイズが $n = 16$ の配列 D に格納されており，探索する値は，x=23 である．この場合，配

図 4.2　線形探索アルゴリズムによる探索例

列 D の左から順番に配列の各データに対してチェックが行われ，D[8]=23 という値をみつけたところでその値を出力してアルゴリズムは終了する．

それでは，この線形探索アルゴリズムの時間計算量について考察してみよう．このアルゴリズムは，その入力により時間計算量が変化することは明らかである．たとえば，もっとも高速にアルゴリズムを実行できるのは，D[0] に探索する値が入っている場合であり，アルゴリズムの時間計算量は $O(1)$ となる．逆に，アルゴリズムの実行にもっとも時間のかかるのは，配列 D に探索する値が含まれていない場合であり，アルゴリズムの時間計算量は，while 文が n 回実行されるので $O(n)$ である．したがって，このアルゴリズムの最良時間計算量と最悪時間計算量は，それぞれ $O(1)$ と $O(n)$ であることがわかる．ただし，ここでは証明を省略するが，この線形探索アルゴリズムの平均時間計算量は $O(n)$ であり，データ数 n が大きい場合には，実行に時間のかかるアルゴリズムであることがわかっている．

4.2 2分探索法

2分探索法のアイデア　　前述の線形探索アルゴリズムは，入力データを先頭から調べるアルゴリズムであり，入力がなんらかの順番に並んでいる場合には非常に効率が悪い．たとえば，英単語を英和辞書で調べる場合を考えよう．一般に，英和辞書に記載されている英単語はアルファベット順に並んでいるので，英単語を調べる場合は，前述の線形探索アルゴリズムを用いて先頭が a で始まる単語から順番に一つひとつ調べるようなことはしない．どのような方法で調べるかというと，たとえば search という単語を調べる場合は，以下のような手順で単語を探すのではないだろうか．

① 辞書の適当なページをめくり，そのページの単語の先頭が s で始まるかを調べる．
② ①によって，単語の先頭が s で始まる単語のページは，そのページより前か後ろにあるのがわかるので，先頭が s で始まるページがあるほうを同じように探していく．
③ 先頭が s で始まる単語のページがみつかったら，先頭が s で始まる単語のページの中から 2 文字目が e になる単語のページを同じように探す．
④ ③の操作を search という単語のすべての文字について繰り返し，掲載されているページをみつける．

この辞書を引く場合の考え方を利用したのが，**2分探索法**とよばれる探索アルゴリズムである．このアルゴリズムを適用する場合は，まず，入力がなんらかの順番に並んでいる必要がある．たとえば，入力 $d_0, d_1, \ldots, d_{n-1}$ がすべて整数であり，昇順に配列 D[0], D[1], ..., D[n-1] に格納されいると仮定しよう．

2分探索法のアイデアは，以下のとおりである．2分探索法では，はじめに探索する値 x を入力データの中央のデータと比較する．ここで中央のデータとは，探索する配列の範囲が D[i], D[i+1], ..., D[j] であるとき，その配列の真ん中にある D[⌊(i+j)/2⌋]

というデータのことである（⌊...⌋ という記号は，小数点以下切り捨てを意味する記号であることを思い出すこと）．

この比較により，何がわかるだろうか．比較結果により場合分けして考える．

中央のデータと x が等しい場合：そのデータを出力して探索を終了することができる．

中央のデータが x より小さい場合：x は中央のデータより右側の配列の後半部分にしか存在する可能性はないので，探索範囲を D[⌊(i+j)/2⌋+1] から D[j] までに限定できる．

中央のデータが x より大きい場合：x は中央のデータより左側の配列の前半部分にしか存在する可能性はないので，探索範囲を D[i] から D[⌊(i+j)/2⌋-1] までに限定できる．

このアイデアに対して理解を深めるため，例を用いてアイデアを説明する．図 4.3 (a) は入力サイズ $n=16$ の入力を格納する配列であり，この中央のデータは D[⌊15/2⌋]=D[7] である．このとき，探索する値を x=23 とすると D[7]<x であり，x は配列の D[0]〜D[7] には存在しないことがわかる．これにより，探索範囲を図(b)のように D[8]〜D[15] に限定することができる．

さらに，2 分探索法では，探索する値に等しいデータがみつかるまで，限定された探

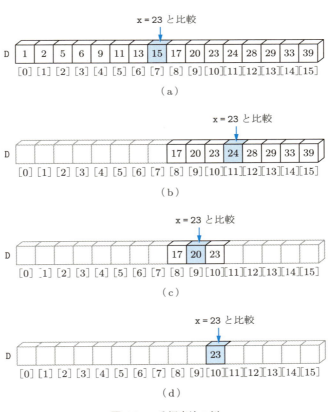

図 4.3　2 分探索法の例

索範囲に対して繰り返し同様の操作を行う．たとえば，図 4.3 (b) において，探索範囲の中央のデータは D[⌊(8+15)/2⌋] = D[11] であり，D[11]>x であるので，図(c)のように探索範囲を D[8]〜D[10] に限定することができる．この探索を図(c)，(d)のように繰り返していくと，探索する値である 23 は D[10] と等しいことがわかり，D[10] を出力してアルゴリズム終了となる．

2分探索法の実現　以下に，上記のアイデアに基づいた 2 分探索法のアルゴリズムをまとめよう．このアルゴリズムでは，探索範囲の左端と右端を，それぞれ left，right という変数で表し，中央のデータの場所を mid という変数で表している．また，while 文で 2 分探索法の繰り返しを表し，探索範囲のサイズが 1 になったとき，つまり，left と right が等しくなったときに繰り返しを終了するようにしている．

アルゴリズム 4.2　2 分探索法

入力：n 個の昇順データを格納する配列 D と探索する値 x
```
left=0; right=n-1; mid=(left+right)/2;
while (left<right) {
  if (D[mid]==x) { D[mid]を出力しアルゴリズムを終了; }
  else if (D[mid]<x) { left=mid+1; }
  else { right=mid-1 }
  mid=(left+right)/2;
}
if (D[mid]==x) { D[mid]を出力; }
else { "xは存在しない"と出力; }
```

それでは，この 2 分探索法によるアルゴリズム 4.2 の時間計算量について考えてみよう．まず，最良時間計算量を考えると，アルゴリズムの実行がもっとも早く終了するのは，配列の中央のデータが探索する値と等しい場合である．この場合，while 文は 1 回しか実行されないので，アルゴリズムの最良時間計算量は $O(1)$ である．

つぎに，最悪時間計算量を考える．アルゴリズムをみると，アルゴリズム 4.2 の while 文の中の処理を 1 回実行すると，left から right までであった探索範囲は，mid+1 から right まで，もしくは，left から mid-1 までとなる．いずれの場合にも，アルゴリズムの探索範囲のサイズは，半分以下となる．最初の探索範囲のサイズは n なので，while 文を k 回実行すると探索範囲は $\left(\frac{1}{2}\right)^k n$ 以下になる．この while 文の繰り返し継続条件は left<right であるので，探索範囲が 1 になれば，while 文の繰り返しは終了する．したがって，while 文が終了する繰り返し回数の条件は，

$$\left(\frac{1}{2}\right)^k n \leq 1$$

であり，この式を k について解くと，以下のようになる．

$$\left(\frac{1}{2}\right)^k n \leq 1$$
$$2^k \geq n$$
$$k \geq \log_2 n$$

したがって，while 文の繰り返し回数 k が $\log_2 n$ 以上になると，アルゴリズムが終了するので，2 分探索法によるアルゴリズム 4.2 の最悪時間計算量は $O(\log n)$ であることがわかる．

また，詳細は省略するが，2 分探索法の平均時間計算量も $O(\log n)$ であることが証明されている．したがって，入力がなんらかの順番に並んでいるという条件さえ満たされれば，2 分探索法は線形探索アルゴリズムと比べて非常に高速に動作するアルゴリズムであるといえる．

4.3 ハッシュ法

ハッシュ法のアイデア　本章の最初で述べた線形探索では，データの配列への格納はどのような順番でもよかったが，つぎに述べた 2 分探索法では，データをなんらかの順番で並べて格納する必要があった．このことからもわかるように，データの格納方法について工夫すればするほど，格納されたデータに対する探索に必要な時間は小さくなる．最後に紹介する**ハッシュ法**とよばれる方法は，データの格納方法に工夫をこらし，任意のサイズの配列に対して，平均的に $O(1)$ 時間で探索を実行することができるようにした探索アルゴリズムである．この時間計算量からわかるように，ハッシュ法による探索は非常に高速なので，多くのプログラムで探索アルゴリズムとして用いられている．

このハッシュ法の概念を理解するために，日常で用いられているハッシュ法のアイデアを挙げてみよう．例として，宅配便の配達員がマンションに荷物を持って来た場合を考える．このとき，配達する荷物の住所は，"○○市△△町××マンション 403 号室"となっていたとすると，普通の配達員なら，図 4.4 のように "部屋番号が 403 号室だから 4 階だな" と考え，エレベーターに乗って 4 階に荷物を運ぶ．この場合，なぜ 403 という部屋番号から部屋が 4 階にあるのがわかるかというと，ほとんどのマンションの部屋番号は，"左端の数字が部屋の階数を表す" という規則になっているからである．この規則があるおかげで，マンションの 1 階から最上階まですべての階を巡ることなく，目的の部屋のある階にすぐにたどり着けるわけである．

図 4.4　日常におけるハッシュ法のアイデア

この例におけるどの部分がハッシュ法のアイデアなのかというと，"データを格納するおおまかな場所をそのデータのもつ情報から決定する" という点である．上記の宅配便の例だと，"左端の数字が部屋の階数を表す" という規則から，"部屋番号の左端の数字が x の場合は，荷物は x 階に運ぶ" というように簡単に決めることができる．

ハッシュ関数によるデータの格納

話を具体的なハッシュ法の内容に戻そう．ハッシュ法では，データ x を格納するおおまかな場所を決める規則として**ハッシュ関数**というものを使う．このハッシュ関数は，データ x を引数とする関数として $hash(x)$ と表されるものとする．つぎに，データを格納するための場所として，配列 H を準備する．いままでの探索アルゴリズムとは異なり，ハッシュ法で用いる配列のサイズは格納するデータのサイズ n の 1.5〜2 倍程度とするのが一般的である（この理由は後述する）．ここでは，配列 H のサイズはデータサイズの 1.5 倍の $1.5n$ であるとしておこう．

ハッシュ法において，データ x を配列 H に格納する方法は以下のとおりである．まず，格納を行うデータ x に対して，ハッシュ関数を用いて $k = hash(x)$ の計算を行う．このとき，k は配列 H においてデータ x の格納を最初に試みる場所 H[k] を表す．つぎに，H[k] にデータがすでに格納されているかどうかのチェックを行う．H[k] にデータが格納されていなければ，H[k]=x としてデータ x の格納を行い，データが格納されていれば，つぎの格納場所 H[k+1] のチェックを行う．このチェックはデータが格納されていない場所がみつかるまで繰り返され，その場所がみつかったときにデータが格納される．ただし，配列 H のサイズには限界があるので，配列の最後の格納場所である H[1.5n-1] でもデータが格納できなかった場合は，配列の先頭の H[0] に戻って格納場所のチェックを行う．

ハッシュ法を用いてデータを格納する例として，図 4.5 の例を考える．この例は，データの集合 $\{17, 39, 1, 9, 5, 24, 2, 11, 23, 6, 13, 29, 28, 20, 15, 33\}$ を，この順番でハッ

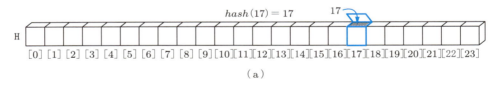
(a)

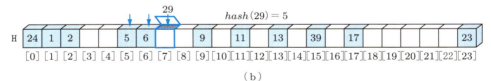
(b)

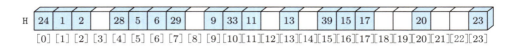
(c)

図 4.5　ハッシュ法によるデータ格納の例

シュ関数を用いて配列 H に格納する様子を表している．データ集合のサイズは 16 なので，格納する配列 H のサイズは，$1.5n = 24$ としている．

まず，ハッシュ関数を，

$$hash(x) = (x を 24 で割った余り)$$

と定義する．このハッシュ関数により，入力のデータを 24 個の格納場所に比較的均等に格納できると考えられる．

このハッシュ関数を用いて，データの格納は以下のように行われる．図 4.5 (a) は，要素がまったく格納されていない配列 H に対して，最初のデータ 17 が格納される様子を表している．この 17 の格納場所 H[17] は，ハッシュ関数 $hash(17) = 17$ により求められており，H[17] はデータが格納されていないので，この場所に 17 が格納される．そのあとのデータ $39, 1, 9, 5, 24, 2, 11, 23, 6, 13$ についても，ハッシュ関数により計算した場所にデータが格納されていないので，そのままデータの格納が行われる．

つぎに，データ 29 が格納される様子を表す図 4.5 (b) を見てみよう．この場合，ハッシュ関数の値は $hash(29) = 5$ なので，最初は H[5] への格納が試みられる．しかし，H[5] にはすでにデータが格納されているので，H[6] への格納が試みられるが，ここにもすでにデータが格納されており，H[7] への格納が試みられる．ここで，H[7] にはデータが格納されていないので，29 の格納場所は H[7] となる．このような格納操作を繰り返してすべてのデータの格納後に得られる配列 H は図 (c) のようになる．

このハッシュ関数を用いて配列へデータを格納するアルゴリズムをまとめると以下のようになる．ただし，配列 H に格納するデータ $d_0, d_1, \ldots, d_{n-1}$ は，それぞれ配列 D[0], D[1], ..., D[n-1] に格納されているものとし，またハッシュ関数 hash() は別途定義されるものとする．

アルゴリズム 4.3　ハッシュ法によるデータの格納

入力：サイズ m の配列 H，および n 個のデータを格納する配列 D
```
for (i=0; i<n; i=i+1) {
  k=hash(D[i]);
  while ( H[k]にデータが格納されている ) { k=((k+1)をmで割った余り); }
  H[k]=D[i];
}
```

なお，このアルゴリズム 4.3 の中の while 文中の格納場所の再計算の操作において，

k=((k+1)をmで割った余り);

としているのは，配列の最後の格納場所でもデータが格納できない場合に，配列の先頭に戻って格納場所を探すための処置である．

ハッシュ法による探索の実現　さて，話を本題のデータの探索に戻そう．上記のアルゴリズム 4.3 によりデータが格納された配列に対して，データの探索を行う場合は，格納の場合と同様にハッシュ関数を用いて格納場所の探索を行えばよい．この探索により求められた格納場所に探索する値と等しいデータが存在すれば，そのデータを出

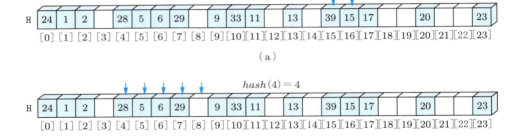

図 4.6　ハッシュ法による探索の例

力し，探索された格納場所にデータが格納されていなければ，配列にデータは存在しないことになる．

例として，図 4.6 に，図 4.5 で作成した配列 H に対して，15 と 4 を探索する場合を考える．図 4.6 (a) は，図 4.5 (c) の配列に対して 15 を探索する場合を表しており，この場合，ハッシュ関数の値は $hash(15) = 15$ なので，最初は H[15] に対して探索が行われる．しかし，H[15] には 15 ではないデータが格納されているので，H[16] への探索が行われる．このとき，H[16]=15 なので，H[16] を出力し，探索アルゴリズムは終了する．

つぎに，図 4.5 (c) の配列に対して 4 を探索する場合を図 4.6 (b) に示す．この場合，ハッシュ関数の値は $hash(4) = 4$ なので，最初は H[4] に対して探索が行われる．しかし，H[4] には 4 ではないデータが格納されており，同じように H[5]，H[6]，H[7] にも 4 でないデータが格納されているので，H[8] への探索が行われる．H[8] にはデータが格納されていないので，4 というデータはこの配列中に格納されていないことがわかり，探索アルゴリズムは終了となる．

以下に，上記のアイデアによるハッシュ法を用いた探索アルゴリズムをまとめる．

アルゴリズム 4.4　ハッシュ法による探索

入力：アルゴリズム 4.3 によりデータの格納されたサイズ m の配列 H と探索する値 x
```
k=hash(x);
while ( H[k]にデータが格納されている ) {
  if (H[k]==x) { H[k]を出力しアルゴリズムを終了; }
  k=((k+1)をmで割った余り);
}
"xは存在しない"と出力;
```

それでは，ハッシュ法による探索アルゴリズムの時間計算量について考えよう．このハッシュ法によるアルゴリズムの時間計算量は，入力データに対してどのようなハッシュ関数を用いるかにより大きく異なってくることが容易に想像できるであろう．たとえば，配列に格納されるデータが 0 から $n-1$ までの異なる整数であれば，$hash(x) = x$ という単純なハッシュ関数を用いても，探索の時間計算量はどのような探索値でも $O(1)$ である．逆に，n 個の入力データに対してハッシュ関数の値がすべ

て等しくなってしまう場合は，ハッシュ関数の値による格納場所の分散はできないので，探索に必要な最悪時間計算量は $O(n)$ となる．

このように，ハッシュ法による探索の時間計算量はハッシュ関数に依存するのだが，一般には，ハッシュ法による探索の実行速度は非常に高速であり，データのサイズに依存しないとされている．その理由は，ハッシュ法による探索の平均的な時間計算量に関して，以下の性質が証明されているからである．

● **性質 4.1**

n 個のデータが，ハッシュ関数を用いてサイズが m の配列のランダムな場所に格納されているとする．このとき，ハッシュ法を用いた探索アルゴリズムの平均時間計算量は $O\left(\dfrac{m}{m-n}\right)$ である．

直感的にこの性質を考えると，ハッシュ法で用いる配列のサイズが大きければ大きいほど，ハッシュ法の時間計算量は小さくなることがわかるだろう．たとえば，前述の例にあったように配列のサイズ m を $1.5n$ とすると，上記の性質より，ハッシュ法を用いた探索アルゴリズムの最悪時間計算量は，以下のようになる．

$$O\left(\frac{m}{m-n}\right) = O\left(\frac{1.5n}{1.5n-n}\right) = O(1)$$

つまりハッシュ法の時間計算量は，入力データのサイズに依存せず，定数時間で探索を実行できることがわかる．

なお，ハッシュ法については，いろいろな種類がある．ここで述べた配列を用いる方法は内部ハッシュ法とよばれるものである．これ以外にも，連結リストを用いて実装を行う外部ハッシュ法とよばれるものや，入力データのサイズに併せてハッシュ関数を変更する動的ハッシュ法とよばれるものもある．詳しくは，巻末の「さらなる勉強のために」で紹介する書籍を参照してほしい．

4.4 探索アルゴリズムの実行速度比較

最後に，本章で紹介した3つの探索アルゴリズムを実際のコンピュータ[1]上で実行した場合の実行速度の比較結果を図 4.7 に示す．なお，これらの実行において，入力データはランダムな 64bit の整数としている．また，ハッシュ法の配列サイズはデータサイズの 1.5 倍であり，2 分探索法における入力の並び換えに必要な時間や，ハッシュ法におけるデータの格納に必要な時間は省略している．

図 4.7 (a) は，横軸の入力データサイズ n を 1,000,000 から 10,000,000 まで 1,000,000 ずつ変化させ，各アルゴリズムで同じ入力データについて 10,000 回の異なる探索を行った場合の3つのアルゴリズムの実行時間を秒単位で表している．この比較結果から，時間計算量が表すとおり，線形探索アルゴリズムはデータのサイズに比例して実

---

1) 本書で利用したコンピュータのスペックは以下のとおりである．CPU: Xeon ES-2640 2GHz, メモリ: 12GB, OS: Cent OS 6.6, 言語: C, コンパイラ: GCC 4.4.5.

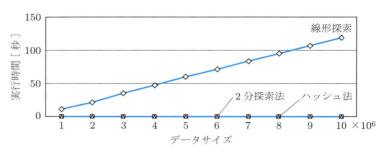

（a）線形探索，2分探索法とハッシュ法の比較

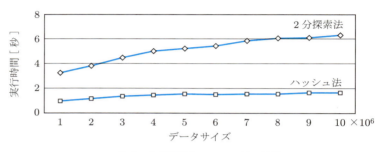

（b）2分探索法とハッシュ法の比較

図 4.7　探索アルゴリズムの性能比較

行時間が増加していることがわかる．また，2分探索法とハッシュ法による探索アルゴリズムは，この要素数では実行時間はいずれも 0.1 秒未満であり，線形探索アルゴリズムと比較して非常に高速に実行できることがわかるだろう．

つぎに，図 4.7 (b) に 2 分探索法とハッシュ法の性能差を示す．このグラフは，2分探索法とハッシュ法で図(a)の場合と同じ入力データについて 10,000,000 回の異なる探索を行った場合の実行時間を秒単位で表している．この比較結果から，2分探索法，ハッシュ法とも十分に高速なアルゴリズムであるが，ハッシュ法によるアルゴリズムはデータ数によらず，ほぼ同じ時間で実行できており，非常に高速なアルゴリズムであることがわかる．

第4章のポイント

1. "多くのデータの中から目的のデータをみつける"という操作を**探索**とよぶ．サイズが n のデータに対する線形探索アルゴリズムの時間計算量は $O(n)$ である．
2. 探索の対象となるデータを半分ずつに限定する探索アルゴリズムは**2分探索法**とよばれ，サイズが n のデータに対して $O(\log n)$ 時間で探索を実行することができる．ただし，2分探索法を実行するためには，探索の対象となるデータは，なんらかの順番で並べて配列に格納されている必要がある．
3. **ハッシュ法**は，ハッシュ関数の出力によりデータの格納場所を決定する探索アルゴリズムであり，十分大きな格納場所を用いれば，データのサイズに依存せず $O(1)$ 時間で探索を実行することができる．

演習問題

4.1 以下の文章の①〜⑥について，それぞれ正しい記号を下から選べ．正しい記号が複数存在する場合はすべて列挙せよ．ただし，①と⑥については，もっとも適切なものを1つだけ選ぶこと．

　サイズが n のデータに対する線形探索の時間計算量は，（　①　）であり，2分探索法の時間計算量は，（　②　）．ただし，2分探索法では，入力は（　③　）必要がある．

　ハッシュ法は，（　④　）探索アルゴリズムであり，（　⑤　）．また，サイズが n の入力に対するハッシュ法による探索に必要な時間計算量は，入力の準備に必要な時間を除くと，ほぼ（　⑥　）である．

①：a. $O(n^2)$　　　　b. $O(n)$　　　　c. $O(\log n)$　　　　d. $O(1)$

②：a. 線形探索より大きい　　　b. 線形探索より小さい　　　c. $O(\log n)$ である
　　d. $O(1)$ である

③：a. ランダムな順番で連結リストに格納されている
　　b. なんらかの順番で並べて連結リストに格納されている
　　c. ランダムな順番で配列に格納されている
　　d. なんらかの順番で並べて配列に格納されている

④：a. 入力を繰り返し2つに分割する
　　b. ハッシュ関数の出力によりデータの格納場所を決定する
　　c. 入力を先頭から順番に調べる　　　d. 入力をランダムに調べる

⑤：a. 一般に2分探索法より高速に動作する
　　b. データの格納場所が小さいほうが効率がよい
　　c. ハッシュ関数の計算は $O(1)$ 時間でできることが望ましい
　　d. ハッシュ関数はどのようなものでもよい

⑥：a. $O(n^2)$　　　　b. $O(n)$　　　　c. $O(\log n)$　　　　d. $O(1)$

4.2 2分探索法のアルゴリズムを再帰アルゴリズムとして記述し，その時間計算量を示せ．

4.3 0以上100以下のデータの集合 {81, 20, 45, 62, 89, 66, 42, 70, 44, 51, 31} を，この順番でハッシュ関数 $hash(x)$ を用いて配列 H に格納することを考える．ただし，ハッシュ関数は，$hash(x) = (x を 7 で割ったときの商)$ とし，配列 H は H[0]〜H[15] とする．このとき，このデータの集合をすべて配列 H に格納したあとの様子を，図 4.5 (c) と同じように示せ．

第5章

ソートアルゴリズム 1

keywords
ソート，全順序関係，選択ソート，挿入ソート，ヒープ，ヒープソート

ソートとは，与えられたデータを決められた順番に並べるという操作である．大学受験の合格が試験の点数のソートにより決められたり，Web サイトのアクセス数や本の売上数がソートによりランキングという形で発表されるなど，一般生活の中でもソートは非常に頻繁に用いられている．したがって，その実用性からソートについては，いままでに多くのアルゴリズムが提案されている．本章と次章では，このソートを行ういくつかのアルゴリズムについて説明を行うとともに，各ソートアルゴリズムの時間計算量について考察する．

5.1 ソートの定義と基本的なソートアルゴリズム

ソートの定義　ソートとは，図 5.1 の例のように，"与えられたデータを決められた順番に並べる" という操作であり，以下のように定義される．

学籍番号	氏名	点数
3001	石川	60
3002	川上	65
3003	中村	90
3004	深川	85
3005	野中	70

点数順に
ソート

学籍番号	氏名	点数
3003	中村	90
3004	深川	85
3005	野中	70
3002	川上	65
3001	石川	60

図 5.1　ソートの例

◆ **定義 5.1　ソート**

ソートとは，入力として，全順序関係が定義されている n 個のデータ $d_0, d_1, \ldots, d_{n-1}$ が与えられたときに，そのデータを全順序関係に従って並べ替える操作である．

この定義における全順序関係とはなんだろうか．実は，どのようなデータでもソートを用いて順番に並べられるわけではない．たとえば，"ジャンケンのグー，チョキ，パーを強い順に並べよ" といわれた場合，順番に並べることができるだろうか．また，"日本に住むすべての人を心が優しい順番に並べよ" といわれた場合はどうだろうか．

一般にこれらの場合は，そのデータを順番に並べることはできないが，その理由は，これらの入力については，以下に定義される全順序関係が成り立たないからである．

◆定義 5.2 　全順序関係 ─────────────────────────

順序関係とは，データの大小関係のことで，すべてのデータに対して以下の性質が成り立つ場合，関係 "$\leq$" は順序関係である．

反射則 　すべての x について，$x \leq x$ が成り立つ．

推移則 　すべての x, y, z について，$x \leq y$ かつ $y \leq z$ ならば，$x \leq z$ が成り立つ．

反対称則 　すべての x, y について，$x \leq y$ かつ $y \leq x$ ならば，$x = y$ が成り立つ．

くわえて，すべてのデータの対に対して，順序関係 "$\leq$" が以下の性質をもつとき，その順序関係を全順序関係であるという．

比較可能性 　すべての x, y について，$x \leq y$ もしくは $y \leq x$ が成り立つ．

────────────────────────────────────

つまり，ジャンケンの場合は推移則が成り立たず，心の優しい順に並べる場合は比較可能性が成り立たないので，全順序関係は成り立たない．したがって，これらの入力については，ソートすることはできないというわけである．

一般には，多くの集合で全順序関係が成り立つので，集合をソートにより並べ替えることができる．整数の集合は全順序関係が成り立つ代表例であり，以下では整数の集合を用いてアルゴリズムの説明を行う．本章と次章で用いるソートの入力と出力の例を以下に示す．

入力：$\{17, 39, 1, 9, 5, 24, 2, 11, 23, 6\}$

出力：$\{1, 2, 5, 6, 9, 11, 17, 23, 24, 39\}$

なお，ソートの入力サイズは n とし，入力は配列 D[0], D[1], ..., D[n-1] に格納され，出力も同じ配列に格納されるものとする．また，ソートアルゴリズムでは，"2つの変数の値を交換する" という操作を多用するので，記述を簡単にするため，関数 swap(a,b) により，変数 a と b の値の交換が実行できるものとする．

基本的なソートアルゴリズム　さて，ソートを行うアルゴリズムについては，さまざまなアルゴリズムが存在するのだが，もっとも基本的なソートアルゴリズムの1つは，選択ソートとよばれるソートアルゴリズムだろう．**選択ソート**はつぎのようなアイデアに基づきソートを行っていく．

① 入力データの中から最大のデータをみつける．

② みつけた最大のデータをソートの対象から除外する．

③ ①，②の操作を $n-1$ 回繰り返す．

上記アイデアの②で，みつけた最大のデータを順番に並べると，アルゴリズム終了時のデータはソートされたデータになっているというわけである．このアイデアを配列に格納されたデータに対して実行するアルゴリズムは以下のとおりとなる．

> **アルゴリズム 5.1　選択ソート**
>
> 入力：サイズ n の配列 D[0], D[1], ..., D[n-1]
> ```
> for (i=n-1; i>0; i=i-1) {
>   max=D[0]; max_index=0;
>   for (j=1; j<=i; j=j+1) {
>     if (D[j]>=max) { max=D[j]; max_index=j; }
>   }
>   swap(D[max_index],D[i]);
> }
> ```

このアルゴリズム 5.1 では，内側の for 文によりアイデアの①，②を実現しており，アイデアの②の"みつけた最大のデータをソートの対象から除外する"という操作は，最大のデータを右端の値と交換することにより実現している．

このアルゴリズム 5.1 を，入力 {17, 39, 1, 9, 5, 24, 2, 11, 23, 6} に対して実行した場合の例を図 5.2 に示す．図において色のついた部分は，ソートが終了したデータを表している．

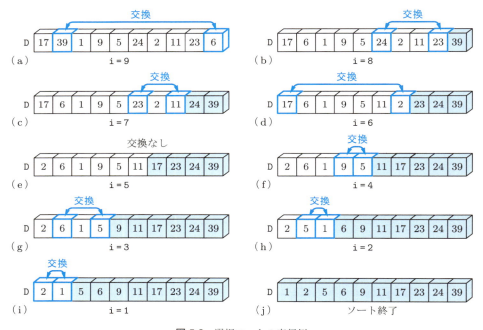

図 5.2　選択ソートの実行例

それでは，アルゴリズム 5.1 の時間計算量について考えてみよう．このアルゴリズムは，入力によりアルゴリズムの実行が変化しないので，最良時間計算量と最悪時間計算量は等しい．また，このアルゴリズムは，二重の for 文により構成されている．外側の for 文の繰り返し実行回数は $n-1$ 回であり，内側の for 文は外側の for 文の変数 i に依存し，i 回の繰り返しとなっている．したがって，このアルゴリズム 5.1 の時間計算量は，以下の式で表されるように $O(n^2)$ である．

$$\sum_{i=1}^{n-1} i \times O(1) = O(1) \times \frac{n(n-1)}{2}$$
$$= O(n^2)$$

この $O(n^2)$ という時間計算量は，ソートアルゴリズムとしてはあまり良くないので，実際のプログラム中などでこの選択ソートが使われることはほとんどない．以下では，実際にプログラム中で用いられることのあるいくつかのソートアルゴリズムについて説明していく．

5.2 挿入ソート

挿入ソートは，他のソートアルゴリズムと比べてわかりやすいアルゴリズムだといえるだろう．なぜなら，人が何かをソートするときに一般に利用しているソートアルゴリズムが挿入ソートだからである．たとえば，大富豪や七並べなどのトランプゲームを考えよう．これらのトランプゲームでは配られた手札をその数字の順番に並べ替えたほうが遊びやすいので，ほとんどの人が手札を並べ替えてからゲームを始める．このとき，多くの人が行っている並べ替え方法は，以下のような手順に従っているのではないだろうか．

① 左手にすでに並んだ状態のカードをもつ（最初は，1枚のカードから始める）．
② 並べたい1枚のカードを右手に持ち，すでに並んでいる左手のカードの数字を右から左へ見て，カードが挿入されるべき場所を探す．
③ 右手のカードを左手の並んだカードに挿入する．

このアイデアは挿入ソートのアイデアとほぼ同じなので，この説明だけで挿入ソートのアルゴリズムは理解できるかもしれない．ただし，このアイデアを人がトランプを使ってやる場合には，"カードを探した場所に挿入する"という操作は簡単なのだが，アルゴリズム中で配列を使って挿入ソートを行う場合は，挿入するデータの格納場所を空ける必要がある．そこで，以下に示す挿入ソートのアルゴリズムでは，"挿入場所を探す"ということと，"挿入する場所を空ける"ということを同時に行うことにより挿入操作を実現している．

アルゴリズム 5.2 挿入ソート

入力：サイズ n の配列 D[0], D[1], ..., D[n-1]
```
for (i=1; i<n; i=i+1)  {
  x=D[i]; j=i;                    //D[i]を挿入する値を表す変数xに設定
  while ((D[j-1]>x)かつ(j>0)) { //挿入する値とD[j-1]を比較
    D[j]=D[j-1];                  //D[j-1]のほうが大きければ，値を右にずらす
    j=j-1;
  }
  D[j]=x;
}
```

図5.3にアルゴリズム5.2の実行例を示す．アルゴリズム5.2において，for文によ

52   第5章　ソートアルゴリズム1

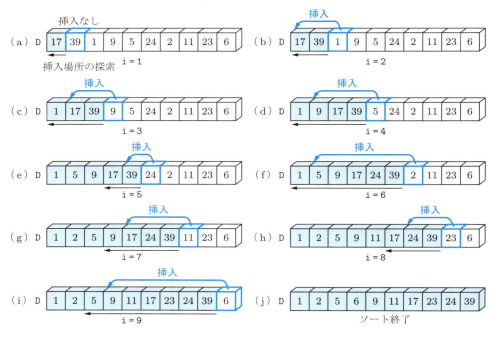

図 5.3　挿入ソートの実行例

り $n-1$ 回の挿入が実行されるが，$i=k$ のとき，挿入されるデータは D[k] であり，D[0] から D[k-1] まではソート済みのデータとなっている．

それでは，時間計算量について考えてみよう．アルゴリズム 5.2 は，for 文とそれに含まれる while 文で構成されており，入力によってアルゴリズムの時間計算量は変化する．まず，アルゴリズムの動作がもっとも高速な場合として，図 5.4 のように入力

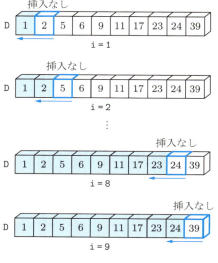

図 5.4　挿入ソートの最良の場合の実行例

が昇順に格納されている，つまり，すでにソート済みである場合を考える．この場合，アルゴリズム 5.2 の while 文の繰り返し継続条件に含まれる (D[j-1]>x) という条件は 1 回も成り立たない．したがって，while 文中の処理は 1 回も実行されず，for 文の繰り返し回数 $n-1$ のみにアルゴリズムの実行時間は依存する．したがって，この場合の時間計算量は $O(n)$ である．

つぎに，アルゴリズムの動作がもっとも遅い場合として，図 5.5 のように入力が降順に格納されている場合を考える．この場合，挿入するデータの格納場所はつねに配列の左端となり，i=k において while 文は k 回繰り返される．したがって，アルゴリズムの時間計算量は選択ソートの場合と同じになり，$O(n^2)$ である．

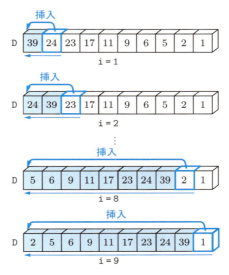

図 5.5 挿入ソートの最悪の場合の実行例

このように，挿入ソートの最良時間計算量は $O(n)$ であり，最悪時間計算量は $O(n^2)$ である．また，挿入ソートの平均時間計算量については，簡単な式により以下の性質を証明することができる．

●性質 5.1
n 個のデータに対する挿入ソートの平均時間計算量は $O(n^2)$ である．

この性質により，挿入ソートはランダムに並んだデータに対して，実行速度がそれほど速いわけではない．しかし，詳しい説明は省略するが，データサイズ n が非常に小さい場合やデータがほぼ昇順に近い順番で格納されている場合は，他のソートアルゴリズムと比較して高速に動作するので，それらの条件が満たされる場合のソートアルゴリズムとして，実際のプログラムの中で用いられることがある．

5.3 ヒープソート

ヒープ　本章の最後に紹介するヒープソートは，ヒープとよばれるデータ構造を用いたソートである．したがって，まずヒープの概念から説明を始めよう．

ヒープとは，スタックやキューと同様に，大量のデータを特定の順序で記憶するためのデータ構造である．スタックが LIFO，キューが FIFO という方式の処理を実現するためのデータ構造であったが，ヒープは，優先順位付きの処理を実現するためのデータ構造である．ここで，優先順位付き処理とは何かを考えてみよう．

例として，病院で診察の順番を待っている場合を考えよう．この病院は非常に混雑しており多くの患者が受診しに来ている．診察は受付順に行われるので，誰も文句を言わずに順番を待っている．ところが，ここに交通事故で瀕死の重傷を負った急患が救急車で運ばれてきた．このとき，待っている患者は，この急患が後から運ばれて来たので，最後に診察を受けるべきだと思うだろうか．おそらく，その場にいるすべての患者は，その急患を真っ先に診察することに同意してくれるだろう．

このように，データには優先順位をもつべきものが存在する．ヒープはこの優先順位を数値として表し，値の大きいデータを優先順位が高いものとして，先に取り出せるようにしたデータ構造である．

アルゴリズムで用いられるヒープでは，ヒープに対する操作として，push_heap（プッシュヒープ）と delete_maximum（デリートマキシマム）という2つの操作が定義されており，以下のように関数として定義する．

　　push_heap(H,x)　ヒープ H に対して，データ x を格納する．
　　delete_maximum(H)　ヒープ H から最大の値をもつデータを削除し，取り出したデータを出力する．

このような操作を必要とするヒープの構成には，第3章で紹介した完全2分木から右端のいくつかの葉が除かれた2分木が用いられる．図 5.6 に，{17, 39, 1, 9, 5, 24, 2, 11, 23, 6} というデータを格納した2分木によるヒープの例を示す．

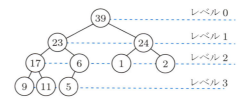

図 5.6　2分木によるヒープ

この図のように，ヒープに格納されるデータは2分木の各節点に保存される．ただし，この2分木がヒープであるためには，図の2分木のように，以下の2つの性質が満たされなければならない．

5.3 ヒープソート

◆ **定義 5.3 ヒープ**

以下の2つの性質が成り立つ2分木をヒープとよぶ．

性質1 2分木の最大のレベルを l_m とすると，$0 \leq k \leq l_m - 1$ を満たす各レベル k には 2^k 個の節点が存在し，レベル l_m に存在する葉はそのレベルに左詰めされている．

性質2 各節点に保存されるデータは，その子に保存されるデータより大きい．

この2つの性質が満たされる場合，図5.6のように2分木の根に保存されるデータは，その2分木に含まれるデータの最大値となることがわかるだろう．したがって，データの集合に対してこのような2分木によるヒープが構成できれば，ヒープからその最大値を取り出すことは簡単である．

ヒープへのデータの追加　それでは，まずこの2分木で表されたヒープに対して，どのように `push_heap` という操作を実現するかを説明しよう．T を n 個のデータを格納するヒープを表す2分木だと仮定する．このとき，T はヒープを表しているので，定義5.3の2つの性質が成り立つ．この2分木 T に対してデータ x を追加し，$n+1$ 個のデータを格納するヒープとするには，以下の手順で操作を行えばよい．

① データ x を格納する節点を作成し，その節点を定義5.3の性質1を満たすような葉として追加する．

② 追加したデータ x を含む節点と，その節点の親節点のデータを比較する．

- 親節点のデータが大きければ，定義5.3の性質2を満たしているので，格納操作を終了する．
- 親節点のデータが小さければ，親子の節点間のデータを交換し，②の操作を根に向かって繰り返す．

図5.7は，図5.6の2分木に対して，31というデータを追加する様子を表している．はじめに，上記手順の①に従って，図(a)のように，31というデータを格納する節点を2分木の一番下のレベルに葉として追加する．つぎに，上記手順の②に従って性質2を満たすように葉から根に向かって修正を行う．まず，追加した節点の親節点は6というデータを含んでいるが，これは追加した31より小さいので，図(b)のように値を交換する．この操作をもう一度繰り返すと，2分木は図(c)のようになる．さらに，追加した31というデータをその親節点のデータと比較すると，親節点のデータ39のほうが大きいので，ここで追加の操作を終了する．このとき，図(c)の2分木はヒープの性質を満たしていることがわかるだろう．

それでは，このアイデアに基づいた関数 `push_heap` の実現方法について説明する．第3章で説明したとおり，完全2分木は配列を用いて表すことができる．ヒープを表す2分木も，ほぼ完全2分木に近い2分木なので，同じ方法で配列を用いて2分木を表すことができる．ここでは，ヒープを表す2分木を，ヒープを表す配列 `T` と格納されているデータ数を表す変数 `size` を用いることにより実現するものとする．

図5.8 (a)に図5.6の2分木を表す配列 `T` を示す．28ページの配列による木の実現

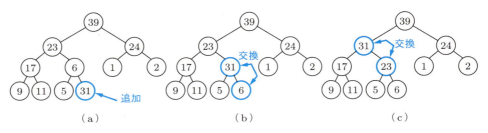

図 5.7　ヒープへのデータの追加

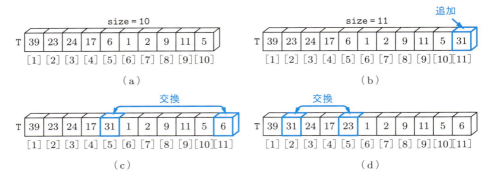

図 5.8　ヒープを表す配列に対するデータの追加

方法のとおり，T[i] によって表される節点の親のデータは，$k = \left\lfloor \dfrac{i}{2} \right\rfloor$ となる T[k] に格納されている．したがって，n 個のデータが格納された配列に対してデータの追加を行うためには，最初に T[n+1] にデータを格納し，その添字の番号を半分にしながら比較と交換を行っていけばよい．図(b)，(c)，(d)は，それぞれ図 5.7 (a)，(b)，(c)に対応しており，配列を用いて比較と交換を行っている様子を表している．

以下に，上記の操作を実現する関数 push_heap をまとめる．

アルゴリズム 5.3　関数 push_heap

入力：ヒープを表す配列 T[1], T[2], ..., T[n] と追加される値 x
```
push_heap(T,x) {
  size=size+1;
  T[size]=x;                        //データを最後に追加
  k=size;
  while ((T[k]>T[k/2])かつ(k>1)) {   //親の値と比較
    swap(T[k],T[k/2]);              //親の値が小さければ値を交換
    k=k/2;
  }
}
```

この関数 push_heap の時間計算量は，その手順から，ヒープを表す 2 分木の高さのオーダに等しいことがわかるだろう．ここで，28 ページの性質 3.4 より，節点数 n の完全 2 分木の高さは $O(\log n)$ であり，ヒープで用いられる 2 分木は完全 2 分木に近いので，ほぼ同じ高さである．したがって，n 個のデータを格納したヒープに対する

関数 `push_heap` の時間計算量は $O(\log n)$ である．

▎ヒープからの最大値の取り出し

つぎに，ヒープに対するもう一つの操作である `delete_maximum` の実現方法を説明しよう．2 分木に格納されたデータの最大値は根に格納されている．この根のデータを取り出すのは簡単であるが，取り出した後は根にデータが入っておらず葉も 1 つ多い状態となる．そこで，まず，最大のレベルにある右端の葉から根へデータを移動するが，そのままではヒープを表す 2 分木として定義 5.3 の性質 2 が成り立たない．そこで，`push_heap` の場合とは逆に，根から葉へ比較および交換の操作を繰り返すことにより，性質 2 が成り立つ 2 分木に修正する必要がある．

以下に，`delete_maximum` の手順の詳細を示すが，根から葉に向かって比較や交換を行う場合は，子の数による場合分けが必要となるので，`push_heap` の場合より少々複雑になっている．

① 根から最大値を取り出し，そこに右端の葉のデータを格納する（右端の葉は削除する）．

② 根に移動したデータを含む節点と，その節点の子節点のデータを比較し，比較結果に従って以下の処理を実行する．

子節点が存在しない場合：操作を終了する．

子節点が 1 つの場合：子節点のデータが小さければ，性質 2 を満たしているので操作を終了し，子節点のデータが大きければ，2 つの節点のデータを交換し，②の操作を葉に向かって繰り返す．

子節点が 2 つの場合：2 つの子節点のデータが両方とも根に移動したデータより小さければ，性質 2 を満たしているので操作を終了する．いずれかの子節点のデータが大きければ，根に移動したデータと大きいほうの値をもつ子節点のデータを交換し，②の操作を葉に向かって繰り返す．

図 5.9 に，上記の手順に従って図 5.6 のヒープを表す 2 分木から最大値を削除する様子を示す．まず，上記手順の①に従って，図 5.9 (a) のように 39 というデータが根から取り出され，右端の葉の 5 というデータが根に格納される．ただし，このままでは，定義 5.3 の性質 2 を満たさないので，上記手順②に従って，根から葉に向かって修正を行う．

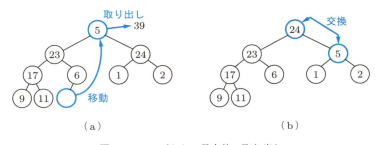

図 5.9 ヒープからの最大値の取り出し

まず，根の2つの子節点は23と24というデータをもっているが，3つの節点のデータ中では24が最大であるので，図(b)のようにデータを交換する．つぎに，交換後の節点とその子節点との間でデータを比較すると，2つの子節点のデータは1と2であり，両方の子節点の値のほうが小さいので操作を終了する．このとき，図(b)の2分木はヒープの性質を満たしている．

関数 push_heap の場合と同じように，ヒープを表す配列 T とヒープに格納されているデータ数 size を用いた場合，以下のように関数 delete_maximum を実現することができる．

アルゴリズム 5.4　関数 delete_maximum

```
入力：ヒープを表す配列 T[1], T[2],..., T[n]
delete_maximum(T) {
  T[1]を出力;
  T[1]=T[size]; T[size]を空にする;      //葉のデータを根に移動
  size=size-1; k=1;
  while (2*k<=size) {                   //子をもつかどうかを判定
    if (2*k==size) {                    //子が1つの場合
      if (T[k]<T[2*k]) {                //親子の値を比較
        swap(T[k],T[2*k]); k=2*k;       //親の値が小さい場合は値を交換
      }
      else { アルゴリズムを終了; }
    }
    else {                              //子が2つの場合
      if (T[2*k]>T[2*k+1]) { big=2*k; }
      else { big=2*k+1; }               //大きいデータをもつ子をみつける
      if (T[k]<T[big]) {                //親子の値を比較
        swap(T[k], T[big]); k=big;      //親の値が小さい場合は値を交換
      }
      else { アルゴリズムを終了; }
    }
  }
}
```

図5.10に，関数 detele_maximum の実行例を示す．図(a)，(b)はそれぞれ，図5.9(a)，(b)に対応している．また，関数 detele_maximum の時間計算量は，アルゴリズムからヒープを表す2分木の高さに等しく，関数 push_heap の場合と同じように $O(\log n)$ である．

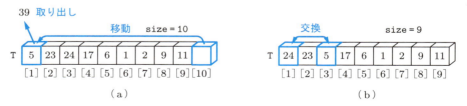

図 5.10　ヒープを表す配列に対するデータの取り出し

5.3 ヒープソート

ヒープソートの実現　さて，長々とヒープに関する説明を続けてきたが，本題のヒープソートの話に戻ろう．いままで説明した `push_heap` と `delete_maximum` は，1つのデータを追加したり取り出したりする関数だが，この関数を用いて以下の手順でソートを行うことができる．

① 配列に格納された n 個のデータについて，`push_heap` を n 回繰り返し，ヒープを表す2分木を作成する．

② ①で作成されたヒープを表す2分木に対して，`delete_maximum` を n 回繰り返し，データを取り出した順に並べる．

この手順に従って，ヒープソートを実現したアルゴリズムを以下に示す．

アルゴリズム 5.5　ヒープソート

```
入力：サイズnの配列 D[0], D[1], ..., D[n-1]
size=0;                    //ヒープを表す2分木の配列のサイズを初期化
for (i=0; i<n; i=i+1)   { push_heap(T,D[i]); }
for (i=n-1; i>=0; i=i-1) { D[i]=delete_maximum(T); }
```

ヒープソートの時間計算量　最後に，このヒープソートを実現したアルゴリズム 5.5 の最悪時間計算量について考えてみよう．n 個のデータが格納されたヒープに対する `push_heap` と `delete_maximum` の時間計算量は $O(\log n)$ であるが，アルゴリズム 5.5 では，データサイズが 1 から n までの場合について，`push_heap` と `delete_maximum` が実行されている．したがって，アルゴリズムの時間計算量は以下の式で概算できる．

$$2 \times \sum_{i=1}^{n} \log i \leq 2 \times n \times \log n = O(n \log n)$$

したがって，ヒープソートを実現したアルゴリズム 5.5 の最悪時間計算量は $O(n \log n)$ である．また，説明は省略するが，ヒープソートについては，最良時間計算量も $O(n \log n)$ であることがわかっている．このヒープソートの時間計算量は後述のクイックソートやマージソートと同じであるが，実用的にはそれほど高速ではないので，ソートアルゴリズムとしてプログラム中で用いられることは少ない．しかし，ヒープ自体はさまざまなプログラムで用いられており，実用的かつ重要なデータ構造である．

第5章のポイント

1. **ソート**とは，n 個のデータを全順序関係に従って並べ替える操作である．**選択ソート**とよばれる簡単なソートアルゴリズムは，n 個のデータに対して $O(n^2)$ 時間でソートを実行することができる．

2. **挿入ソート**は，未ソートのデータをソート済みの列に挿入していくソートアルゴリズムであり，最良時間計算量が $O(n)$ 時間，最悪時間計算量が $O(n^2)$ 時間である．

3. **ヒープソート**は，ヒープとよばれるデータ構造を用いるソートアルゴリズムである．ヒープは2分木を用いてデータを格納するので，n 個のデータを格納したヒープに対して，データを追加したり，最大のデータを取り出したりする操作は $O(\log n)$

時間で実行できる．ヒープソートは，ヒープの追加と取り出しの操作をそれぞれ n 回繰り返して実行することにより，$O(n \log n)$ 時間でソートを行うアルゴリズムである．

演習問題

5.1 以下の文章の①〜⑦について，それぞれ正しい記号を下から選べ．正しい記号が複数存在する場合はすべて列挙せよ．ただし，②〜⑦については，もっとも適切なものを1つだけ選ぶこと．

ソートとは，与えられたデータを決められた順番に並べるという操作であるが，ソートの入力は（ ① ）．

n 個のデータを格納しているヒープに対して，データを1つ追加するのに必要な時間計算量は（ ② ）であり，最大のデータを削除するのに必要な時間計算量は（ ③ ）である．

サイズが n のデータに対する挿入ソートの最良時間計算量は（ ④ ）であり，最悪時間計算量は（ ⑤ ）である．また，同じデータに対するヒープソートの最良時間計算量は（ ⑥ ）であり，最悪時間計算量は（ ⑦ ）である．

①：a. 整数でなければならない　　b. 全順序関係が成り立たなければならない
　　c. 同じ値が存在してはいけない　d. 昇順に並んでいなければならない
②：a. $O(n^2)$　　b. $O(n)$　　c. $O(\log n)$　　d. $O(1)$
③：a. $O(n^2)$　　b. $O(n)$　　c. $O(\log n)$　　d. $O(1)$
④：a. $O(n^2)$　　b. $O(n \log n)$　　c. $O(n)$　　d. $O(1)$
⑤：a. $O(n^2)$　　b. $O(n \log n)$　　c. $O(n)$　　d. $O(1)$
⑥：a. $O(n^2)$　　b. $O(n \log n)$　　c. $O(n)$　　d. $O(1)$
⑦：a. $O(n^2)$　　b. $O(n \log n)$　　c. $O(n)$　　d. $O(1)$

5.2 アルゴリズム 5.2 の挿入ソートは，図 5.3 のように for 文を1回実行するごとに配列の左側から出力が確定するソートアルゴリズムである．この挿入ソートを，図 5.2 の選択ソートと同じように for 文を1回実行するごとに配列の右側から出力が確定するソートアルゴリズムに変更し，そのアルゴリズムを示せ．

5.3 空のヒープ T に対して以下の操作を順番に実行した．

push_heap(T,34) → push_heap(T,22) → push_heap(T,65) → push_heap(T,14)

→ push_heap(T,80) → push_heap(T,68) → delete_maximum(T)

→ push_heap(T,30) → delete_maximum(T) → delete_maximum(T)

(1) 1回目，2回目，3回目の delete_maximum で出力される値をそれぞれ答えよ．
(2) 操作終了後にどのようなヒープができているかを図 5.6 と同じように示せ．

5.4 以下の問いに答えよ．
(1) 配列 T[1]〜T[8] に以下の値が格納されているとする．

T[1]=80, T[2]=45, T[3]=67, T[4]=23,
T[5]=40, T[6]=53, T[7]=60, T[8]=27

このとき，配列 T はヒープを表す配列であるといえるかどうかを理由とともに答えよ．

(2) 配列 T[1]〜T[n] に n 個のデータが降順に格納されているとき，配列 T はヒープを表す配列であるといえるかどうかを理由とともに答えよ．

第6章

ソートアルゴリズム2

keywords
クイックソート，基準値，分割，ソートアルゴリズムの比較，安定なソート

　本章では，前章に引き続きソートアルゴリズムについて説明する．はじめに，実用的にはもっとも高速に動作するソートアルゴリズムであるクイックソートを紹介する．クイックソートは再帰アルゴリズムでもあるので，動作や時間計算量を理解するのがたいへんかもしれないが，ソートアルゴリズムの中ではもっとも重要なアルゴリズムであるので，がんばって理解してほしい．また本章では，ソートアルゴリズムのいくつかの種類について説明するとともに，さまざまなソートアルゴリズムを実際のコンピュータ上で実行した場合の性能比較を行う．

6.1 クイックソート

クイックソートの概要　選択ソートや挿入ソートは，データを1つずつ順番に処理するというソートアルゴリズムであったが，**クイックソート**はデータを大まかに2つに分割していくアルゴリズムである．図6.1を用いてクイックソートのアイデアを説明する．

　クイックソートでは，図6.1 (a)のように，まず分割の基準となる**基準値**[1]とよばれるデータを入力データの中から適当に1つ選ぶ．つぎに，図(b)のように，入力データを，"基準値より小さいデータ"と"基準値以上のデータ"の2つの集合に分割する．このとき，"基準値より小さいデータ"の集合は基準値より左に，"基準値以上のデータ"の集合は基準値より右に置く．これにより，少なくとも"基準値より小さいデータ"の集合に含まれているどのデータも"基準値以上のデータ"の集合に含まれているデータより小さいので，以降は分割した集合間でデータの比較を行う必要はなくなる．2つに分割された集合に含まれるデータは，まだソートされていないので，つぎに図(c)のように，それぞれの集合について同じように基準値を決めてデータを2つに分割する．この操作を分割した集合のデータが1つになるまで繰り返すと，図(d)のように，全体としてすべてのデータがソートされることになる．

　このアイデアを手順としてまとめると以下のようになる（入力データの集合は

1）ピボット (pivot) とよばれることもある．

6.1 クイックソート   63

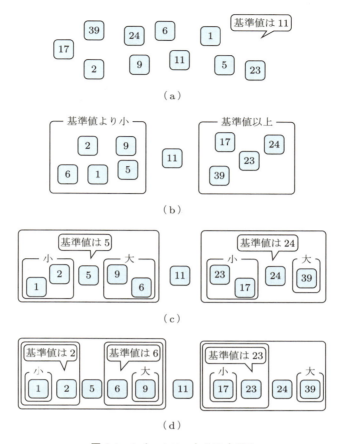

図 6.1 クイックソートのアイデア

$D = \{d_0, d_1, \ldots, d_{n-1}\}$ とする)．
① 集合 D に含まれる要素が 1 つならば，そのまま何もせずにアルゴリズムを終了する．
② 集合 D から適当に基準値となるデータ d_k を 1 つ選ぶ．
③ 集合 D に含まれる各データと基準値 d_k を比較し，すべてのデータをつぎのいずれかに分割する．
 ・d_k より小さいデータの集合 D_1
 ・d_k 以上のデータの集合 D_2
④ 集合 D_1 と集合 D_2 をそれぞれ再帰的にソートする．
⑤ 再帰的なソートが済んだら，3 つの集合 D_1, $\{d_k\}$, D_2 をこの順番に連結したものを出力する．

上記の手順で述べられているように，クイックソートは再帰アルゴリズムとして記述されることが一般的である．そこで，図 6.1 の例をこの手順に従って実行した場合の再帰木を図 6.2 に示す．ただし，この場合の再帰木の各節点に含まれるデータは時間計算量を表すのではなく，再帰途中でのデータと基準値を表している．

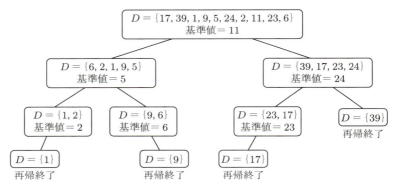

図 6.2 クイックソートの再帰木

クイックソートの実現

それでは，クイックソートの詳細を考えてみよう．まず，クイックソートの入力は，他のソートアルゴリズムと同じように，配列 D[0], D[1], ..., D[n-1] で与えられるものとする．つぎに，上記概要の②，③を実行する部分は，partition という関数にまとめて実現するものとする．この関数 partition の詳細は後で述べるので，その入出力のみを簡単に説明する．

図 6.3 に関数 partition の入出力例を示す．まず，関数 partition の入力としては，配列 D と，left, right という 2 つの変数を引数にもつ．ここで，left, right という変数は，配列 D の D[left], D[left+1], ..., D[right] という部分が，関数 partition の入力であることを表している．また，出力としては，配列 D の D[left], D[left+1], ..., D[right] の中のデータを移動させて，

- 配列の左側に基準値より小さいデータ
- 配列の右側に基準値以上のデータ
- 上記の 2 つのデータの間に基準値

となるように並べ替えることが必要である．また，並べ替えた後の基準値の配列内の位置も併せて出力する必要がある．

このような関数 partition さえ実現できれば，アルゴリズムの概要に基づき，クイックソートは以下の関数 quicksort として実現できる．この関数 quicksort は配

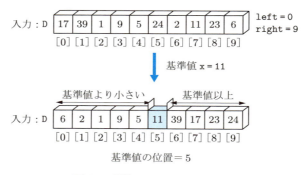

図 6.3 関数 partition の入出力例

列 D と left, right という 2 つの変数を入力とするが，関数 partition と同じように，left および right という変数は，配列 D の D[left], D[left+1], ..., D[right] という部分が関数 quicksort の入力であることを表している．

アルゴリズム 6.1　クイックソート

入力：サイズ n の配列 D[0], D[1], ..., D[n-1]
```
quicksort(D,left,right) {
  if (left<right) {
    pivot_index=partition(D,left,right);
    quicksort(D,left,pivot_index-1);
    quicksort(D,pivot_index+1,right);
  }
}
//quicksort(D,0,n-1)を実行することにより入力全体のソートが実行される．
```

関数 partition の実現　　それでは，クイックソートを実現するために必要な，関数 partition の詳細について説明する．関数 partition は，以下の手順により実現することができる．

① D[left], D[left+1], ..., D[right] の中から基準値となるデータ D[k] を選ぶ．

② 基準値 D[k] を一番右端のデータ D[right] と交換する．

③ 配列 D を D[left] から右に向かって探索し，基準値以上のデータをみつけ，その位置を変数 i に記録する．

④ 配列 D を D[right-1] から左に向かって探索し，基準値より小さいデータをみつけ，その位置を変数 j に記録する．

⑤ i と j の関係が i<j であるとき，"D[i] ≥ 基準値 > D[j]" なので，D[i] と D[j] のデータを交換する．

⑥ ③，④，⑤ の操作を i>j となるまで繰り返す（繰り返し終了時には，基準値より小さいデータの集合と基準値以上のデータの集合に分割されている）．

⑦ D[i] と D[right] のデータを交換し，基準値を 2 つの集合の間に入れる．

図 6.4 の実行例を用いて，上記手順により正しく関数 partition の出力が得られることを検証してみよう．まず，手順①により基準値を求め（図(a)），手順②により基準値を右端のデータと交換する（図(b)）．つぎに，手順③，④により，i と j の位置を決定し（図(c)，(d)），手順⑤により，D[i] と D[j] のデータを交換する（図(e)）．そして，③，④，⑤ の操作を i>j となるまで繰り返し（図(f)〜(h)），最後に D[i] と D[right] のデータを交換する（図(i)）．最後に得られた配列 D は関数 partition の出力となっていることがわかるだろう．

関数 partition に関するまとめとして，アルゴリズムを以下に示す．

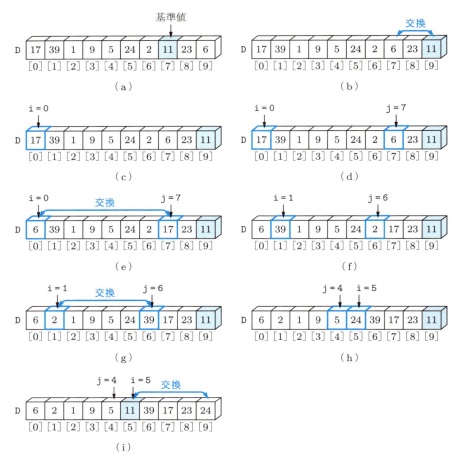

図 6.4 関数 partition の実行例

アルゴリズム 6.2 関数 partition

```
partition(D,left,right) {
  基準値となるデータD[k]を選ぶ;
  swap(D[k],D[right]);        //基準値を右端のデータと交換
  i=left; j=right-1;
  while(i<=j) {
    while (D[i]<D[right]) { i=i+1; }
    while ((D[j]>=D[right])かつ(j>=i)) { j=j-1; }
    if (i<j) swap(D[i],D[j]);
  }
  swap(D[i],D[right]);        //基準値を2つの集合の間に入れる
  return i;                   //基準値の位置を出力
}
```

関数 partition に関して，最後に時間計算量を考えてみよう．まず，関数 partition に与えられる配列のサイズ(right-left+1)を n とする．この関数は，おもに二重の while 文で構成されているが，外側の while 文の繰り返し回数にかかわらず，内側の 2

つの while 文の繰り返し回数は，合わせて最大 $n-1$ である．なぜなら，最初は $n-1$ だけ離れている i と j は，内側の while 文を実行するたびに 1 つずつ近づき，最大 $n-1$ 回の実行により i>j となり，外側の while 文の終了条件が満たされるからである．while 文以外の操作は定数時間で実行可能なので，関数 partition 全体の時間計算量は $O(n)$ となる．

クイックソートの時間計算量

さて，関数 partition の実現によりクイックソートは完成したので，クイックソート全体の時間計算量について考えてみよう．アルゴリズム 6.1 がクイックソートの詳細であるが，if 文の中が実行される場合は，このアルゴリズムは，

① 関数 partition
② 基準値より左の部分の再帰的なクイックソート
③ 基準値より右の部分の再帰的なクイックソート

という 3 つの部分で構成されている．この中で，①の関数 partition の時間計算量は，さきに説明したとおり，入力データが n 個の場合は $O(n)$ なので，とりあえず，ある定数 c を用いて cn としておこう．また，②，③の再帰における基準値より左と右の部分のデータのサイズをそれぞれ n_l, n_r としよう．このとき，n 個のデータのクイックソートの時間計算量を $T(n)$ とおくと，$T(n)$ は以下の式で表すことができる．

$$T(n) = \underbrace{cn}_{(1)\ 関数\ \mathrm{partition}} + \underbrace{T(n_l)}_{(2)\ 左の部分の再帰} + \underbrace{T(n_r)}_{(3)\ 右の部分の再帰} \qquad (n_l + n_r = n-1)$$

この式に基づいてクイックソートの時間計算量を求めていくのだが，この時間計算量は左と右に分割されるデータの数（n_l と n_r）に非常に大きく依存している．この分割されるデータの数は基準値によって決められるのだが，いままではわざと関数 partition のアルゴリズム（アルゴリズム 6.2）において基準値をどのように選ぶのかを説明してこなかった．以下では，基準値の選び方と時間計算量の関係について少し考えてみる．

アルゴリズム 6.2 の関数 partition においてどのように基準値を選んでも，アルゴリズム 6.1 は正しくソートを実行する．ただし，基準値の選び方により，アルゴリズムの時間計算量は大きく変化する．たとえば，以下のような例を考えてみよう．アルゴリズム 6.2 の "基準値となるデータ D[k] を選ぶ" という部分において，与えられた配列の先頭のデータ D[left] をつねに基準値として選ぶものとする．このとき，データが昇順に並んでいる入力（$(0, 1, 2, \ldots, n-1)$ のような入力）が与えられたときのアルゴリズムの時間計算量を考える．

先頭のデータを基準値に選ぶという選び方により，最初のクイックソートの実行では，もっとも小さいデータが基準値となり，その他のデータはすべて基準値より大きいデータの集合に含まれる．また，つぎの再帰的なクイックソートの実行でも，関数 partition においてもっとも小さいデータが基準値となり，入力データは基準値とそれより大きい残りのデータに分割されることになる．

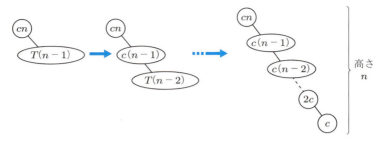

図 6.5　最悪時間計算量の場合の再帰木

　実は，このように入力のデータがつねに "基準値とそれより大きいデータ"，もしくは，"基準値とそれより小さいデータ" に分割される場合が，クイックソートの時間計算量が最悪となる場合である．入力のデータがつねに基準値とそれより大きいデータに分割される場合のクイックソートの実行を表す再帰木を図 6.5 に示す（再帰木の各節点に含まれる値は，時間計算量を表している）．

　また，この場合の時間計算量 $T(n)$ を前述の式で表すと，つねに $n_l = 0$, $n_r = n-1$ なので，以下のようになる．

$$T(n) = \underbrace{cn}_{\text{関数 partition}} + \underbrace{T(n-1)}_{\text{右の部分の再帰}}$$

この式からも時間計算量は求められるが，再帰木からこの場合の時間計算量を求めてみよう．図 6.5 の右端の再帰木の高さは n であり，節点の時間計算量は $cn, c(n-1), \ldots, c$ となっている．再帰アルゴリズムの時間計算量は，再帰木のすべての節点が表す時間計算量の和に等しいので，その和を求めると以下のようになり，クイックソートの最悪時間計算量が $O(n^2)$ であることがわかる．

$$\sum_{i=0}^{n-1} c(n-i) = \sum_{i=1}^{n} ci = c\frac{n(n+1)}{2} = O(n^2)$$

　つぎに，クイックソートの時間計算量が最良となる場合の実行を考えてみよう．たとえば，さきほどと同じ昇順に並んだ入力でも，基準値としてつねに入力の中央の値（D[⌊(left+right)/2⌋]）を選ぶことを考えよう．この場合は，関数 partition により，"基準値より小さいデータ" と "基準値より大きいデータ" はそのサイズがほぼ等しくなり，均等に分割されることになる．したがって，この場合の時間計算量 $T(n)$ を前述の式で表すと以下のようになる[1]．

$$T(n) \leq \underbrace{cn}_{\text{関数 partition}} + \underbrace{T\left(\frac{n}{2}\right)}_{\text{左の部分の再帰}} + \underbrace{T\left(\frac{n}{2}\right)}_{\text{右の部分の再帰}}$$

また，この場合の実行を再帰木で表すと図 6.6 のようになる．

　この再帰木は完全 2 分木であり，葉は 1 つのデータに対するアルゴリズムの実行を

---

[1] 正確には基準値はソートする必要がないので，左か右の部分の要素数は $\left\lceil \dfrac{n-1}{2} \right\rceil$ となるが，厳密に求めると計算が難しくなるので，詳細を省略して不等式で表している．

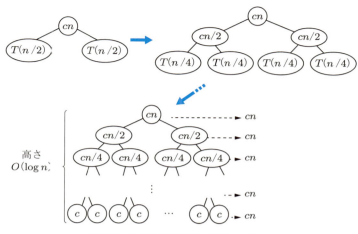

図 6.6 最良時間計算量の場合の再帰木

表しているので，葉の数は n である．よって，27 ページの性質 3.2 より，木の高さは $O(\log n)$ である．また，図 6.6 をみると，再帰木の各レベルの節点に含まれる時間計算量の和はすべて等しく cn であることがわかる．したがって，すべての節点が表す時間計算量の和は $O(\log n \times cn) = O(n \log n)$ であり，クイックソートの最良時間計算量は $O(n \log n)$ である．

それでは，高速とされているクイックソートの一般的な時間計算量はどうだろうか．それを考えるためには，まず基準値の選び方について考察する必要がある．さきに述べたとおり，クイックソートの動作がもっとも速くなるのは，関数 partition の実行においてデータを均等に 2 分割する場合である．したがってデータが均等に 2 分割できるように基準値を選んでやれば，クイックソートの動作は高速になる．そこで，関数 partition を実現する場合には，一般的に以下のような方法で基準値が選ばれている．

- 対象の配列 D[left], D[left+1], ..., D[right] の中からランダムに選ぶ．
- 対象の配列の真ん中のデータ D[⌊(left+right)/2⌋] を選ぶ．
- 対象の配列の左端 D[left]，真ん中 D[⌊(left+right)/2⌋]，右端 D[right] の 3 つのデータを並べて中央にくるデータを選ぶ．

現実的には，これらの方法で基準値を選択すれば，最良の場合に近い時間でクイックソートを実行することができる．

また，n 個のデータから基準値を選ぶ場合に，その基準値のデータ中での順位は 1 番目から n 番目まで n 通りの可能性がある．どの順位になるかの確率を等しく $\frac{1}{n}$ だと仮定した場合の平均的時間計算量については，以下の性質が証明されている．

● **性質 6.1**

n 個のデータに対するクイックソートの平均時間計算量は，$O(n \log n)$ である．

この時間計算量は，前述のヒープソートや次章で説明するマージソートと同じであ

るが，後述のようにコンピュータ上でプログラムとして実装する場合には，クイックソートがもっとも高速である．また，クイックソートは，Cにおける qsort 関数や Java における sort メソッドなど，多くのプログラミング言語において標準ライブラリ関数として組み込まれており，アルゴリズムを実装することなく，簡単にプログラム中で使用することができるようになっているので，各自で試してみるとよいだろう．

6.2 ソートアルゴリズムの性能比較

前章と本章で4つのソートアルゴリズムを紹介してきたが，これらのソートアルゴリズムと次章で紹介するマージソートアルゴリズムを実際のコンピュータ上で実行した場合の実行速度の比較結果を図 6.7 に示す(次章で詳しく述べるが，マージソートアルゴリズムは，サイズが n の入力に対して，ヒープソートやクイックソート同様，$O(n \log n)$ 時間でソートを行うアルゴリズムである)．この実行において，入力データはランダムな 64bit の整数としている．

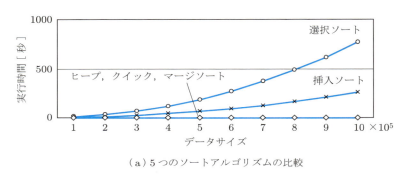

(a) 5つのソートアルゴリズムの比較

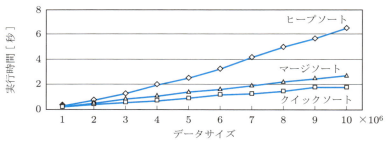

(b) ヒープソート，クイックソートとマージソートの比較

図 6.7 ソートアルゴリズムの性能比較

図 6.7 (a) は，横軸を表す入力サイズ n を 100,000 から 1,000,000 まで 100,000 ずつ変化させてソートを行った場合であり，5つのアルゴリズムの実行時間を秒単位で表している．この比較結果から，選択ソートと挿入ソートアルゴリズムは，時間計算量の $O(n^2)$ に比例する実行時間となっており，時間計算量が $O(n \log n)$ のソートアルゴリズムがすべて1秒以下で実行できることと比較すると，著しく実行に時間がかかることがわかる．

つぎに，$O(n \log n)$ 時間のソートアルゴリズムの性能比較を行う．図 6.7 (b) は，入力のデータサイズ n を 1,000,000 から 10,000,000 まで 1,000,000 ずつ変化させてソートを行った場合であり，3 つのソートアルゴリズムの実行時間を秒単位で示している．この比較結果から，同じ $O(n \log n)$ という時間計算量をもつ 3 つのソートアルゴリズムの中では，クイックソートがもっとも高速なソートアルゴリズムであることがわかるだろう．

6.3 安定なソート

ソートアルゴリズムについて，最後に注意しなければならない点を述べる．これまで説明してきたソートアルゴリズムの入力例では，すべて入力のデータが異なるものとして考えてきた．しかし一般的に，ソートアルゴリズムの入力では同じ値をもったデータが多数存在する場合が考えられる．実は，この同じ値をもったデータについては，気をつけてソートアルゴリズムを利用する必要がある．

その理由の 1 つは，ソートアルゴリズムをプログラムとして実現する場合，同じ値をもったデータの処理においてバグが発生しやすいということである．クイックソートなどでは，再帰が進んでソートを行うデータ数が少なくなると，すべての入力データが同じ値になることも考えられる．アルゴリズムをプログラムとして実現する場合は，このような場合でもきちんと動作することが保証できるよう，注意を払ってプログラミングをしなければならない．

もう一つ気をつけなければならない重要な点は，同じ値のデータをどういう順序で並べるかということである．これを理解するために図 6.8 を用いて説明する．

学籍番号	氏名	点数
3001	石川	90
3002	川上	80
3003	中村	90
3004	深川	90
3005	野中	70

(a)

学籍番号	氏名	点数
3005	野中	70
3002	川上	80
3003	中村	90
3004	深川	90
3001	石川	90

(b)

学籍番号	氏名	点数
3005	野中	70
3002	川上	80
3001	石川	90
3003	中村	90
3004	深川	90

(c)

図 6.8 同じ値のデータをもつ入力のソート

図 (a) はソートの入力となる表である．この表には各学生の学籍番号，氏名，試験の点数が記入されている．この表のデータを，ソートアルゴリズムを用いて試験の点数の昇順に並べ替えることを考えよう．この場合，図 (b)，(c) はどちらも入力を試験の点数の昇順に並べ替えたものであるが，どちらのほうが好ましいだろうか．一般的には，同じ点数なら学籍番号も昇順になっている図 (c) のほうが図 (b) よりも好まれるだろう．

図 (c) のような出力を得るためには，ソートの定義において，"与えられたデータを決められた順番に並べる" という条件に，"同じ値のデータは，入力の順序どおりに並

べる"という条件を追加する必要がある．この2つの条件を満たすソートのことを，**安定なソート**という．

これまで説明してきたソートアルゴリズムの中では，選択ソートと挿入ソートは安定なソートであり，また，次章で説明するマージソートも安定なソートである．しかし，ヒープソートとクイックソートは，そのアルゴリズムの動作から安定なソートではない．

したがって，クイックソートなどの安定でないソートアルゴリズムを用いて安定なソートを行いたい場合は，元々の並び順序をデータの全順序関係に加える必要がある．たとえば，図6.8の例では，2人の学生のデータを比較する場合に，学生間の全順序関係は，"学生Aと学生Bについて，((学生Aの点数<学生Bの点数)，もしくは，(学生Aの点数=学生Bの点数，かつ学生Aの学籍番号<学生Bの学籍番号))ならば，学生A<学生Bである"と定義しなければならない．

このように，プログラム中でソートアルゴリズムを用いる場合は，アルゴリズムの実行速度だけでなく安定性なども考慮して，入力のデータに応じたソートアルゴリズムを選択する必要がある．ソートアルゴリズムについては，本書で紹介したアルゴリズム以外にも多くの種類があるので，興味のある人は参考文献を参照してほしい．

第6章のポイント

1. **クイックソート**は，**基準値**とよばれるデータを決定し，基準値より小さいデータと大きいデータに分割するという処理を再帰的に繰り返すことにより，ソートを行うアルゴリズムである．

2. 基準値を決定し，基準値より小さいデータと大きいデータに分割するという処理は関数 partition により実現されるが，この関数の時間計算量は入力サイズが n ならば $O(n)$ 時間である．

3. クイックソートの時間計算量は基準値の選び方によって大きく変化するが，基準値をうまく選んだ場合のクイックソートの時間計算量は，入力サイズが n ならば $O(n \log n)$ である．また，クイックソートは，他のソートアルゴリズムと比較して一般的にもっとも高速に動作するソートアルゴリズムである．

4. 同じ値のデータは入力の順序どおりに並べるという性質をもったソートを，**安定なソート**とよぶ．

演習問題

6.1 以下の文章の①～④について，それぞれ正しい記号を下から選べ．正しい記号が複数存在する場合はすべて列挙せよ．

クイックソートは（ ① ）というソートアルゴリズムであるが，n 個のデータに対しては（ ② ）．

一般的な入力に対して，いくつかのソートアルゴリズムの実行速度を比較すると，（ ③ ）が一番高速である．また，（ ④ ）は安定なソートアルゴリズムではないので，同じ値が含まれるデータに対しては，注意して使用しなければならない．

① : a. 配列の左からデータを順番に処理する
　　b. データをほぼ同じサイズの 2 つの集合に再帰的に分割する
　　c. 入力を基準値を用いて 2 つの集合に分割し，再帰的にソートを実行する
　　d. 配列以外のデータ構造を利用する
② : a. 時間計算量がつねに $O(n \log n)$ である
　　b. つねに挿入ソートより高速に実行できる
　　c. 基準値の選び方により時間計算量が変化する
　　d. 最悪時間計算量はヒープソートの最悪時間計算量と同じである
③ : a. クイックソート　　b. ヒープソート　　c. 挿入ソート　　d. 選択ソート
④ : a. クイックソート　　b. ヒープソート　　c. 挿入ソート　　d. 選択ソート

6.2 クイックソートを実行するアルゴリズム 6.1 に対して，値が 0 または 1 の 2 種類しかない入力が与えられたとする．このとき，アルゴリズム 6.1 の時間計算量は，最良時間計算量と最悪時間計算量のどちらに近いだろうか．理由とともに答えよ．

6.3 アルゴリズム 6.2 の入力として，(35, 21, 4, 49, 55, 19, 12, 32, 24, 42) が配列 D[0] ～ D[9] に格納されているものとする．基準値を D[0]=35 とした場合のアルゴリズム 6.2 実行後の出力を示せ．

6.4 アルゴリズム 6.2 の partition 関数を用いたアルゴリズム 6.1 は入力を昇順にソートするが，入力を降順にソートするようにアルゴリズム 6.2 を変更せよ．

第7章 アルゴリズムの設計手法1

keywords

分割統治法，再帰，大きな整数の掛け算，マージソート

　本章からは，アルゴリズムを作成する場合に頻繁に用いられる，いくつかの設計手法について紹介していく．これらの設計手法を理解すれば，自分で新たなアルゴリズムを考案する場合のヒントとなり，効率の良いアルゴリズム作成の大きな手助けとなることは間違いない．まず，本章では，アルゴリズムの設計手法のなかで，もっとも基本的な手法である分割統治法について説明し，分割統治法を用いたいくつかの効率の良いアルゴリズムを紹介する．

7.1 分割統治法

分割統治法とは　　本章で紹介する**分割統治法**は，アルゴリズムの設計手法としてはもっとも基本的なもので，現在知られている多くのアルゴリズムで用いられている．この分割統治法は，大雑把にいえば，その名前のとおり与えられた問題を部分問題に分割して解いた後，その解を再構成して全体の解を得るという手法である．

　この分割統治法の概念を理解するための直感的な例として，図7.1の自動車を製造する場合を考えてみよう．自動車を製造する場合は，はじめに設計図が作成され，各部品についてその詳細が決定される．つぎに，各部品について決められた詳細に基づいてさまざまな工場で製造が行われる．そして最後にそれらの部品が1つの工場に集

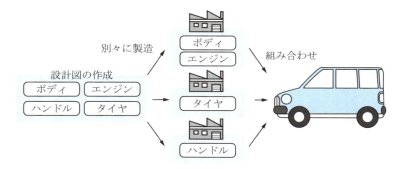

図7.1　分割統治法を用いた自動車の製造

められ，製造ラインで組み立てられて完成する．この自動車の製造例からもわかるように，分割統治法を用いると，問題を部分問題に分割することにより各部分問題を解くことが容易になり，問題を効率良く解くことができる．

それでは，この分割統治法をもう少し詳しく説明していこう．分割統治法を用いたアルゴリズムは，以下の分割，統治，組合せという3つのステップで構成されている．

ステップ1：分割 問題をいくつかの部分問題に分割する．

ステップ2：統治 分割された部分問題を解く．

ステップ3：組合せ ステップ2で得られた部分問題の解をもとに，いくつかの計算を行い，問題全体の解を得る．

この3つのステップのうち，統治のステップでは，各部分問題は再帰的に解かれることが多いので，分割統治法のアルゴリズムは再帰アルゴリズムとして記述されることが多い．

実は，32ページで紹介したアルゴリズム3.4は，この分割統治法を用いたアルゴリズムの良い例である．もう一度，アルゴリズム3.4をみてみよう．

アルゴリズム 3.4　和の計算を行う再帰的なアルゴリズム（その2）

```
recursive_sum2(A[0], A[1], ..., A[n-1])  {
   if (入力の引数がA[k]という1つの配列要素のみである) { return A[k]; }
   else  {
      配列Aを半分ずつの以下の2つの配列に分割する；       ---(1)
        A1={A[0], A[1], ..., A[(n-1)/2]},
        A2={A[(n-1)/2+1], A[(n-1)/2+2], ..., A[n-1]}
      x=recursive_sum2(A1);                              ---(2)
      y=recursive_sum2(A2);                              ---(2)
      return x+y;                                        ---(3)
   }
}
```

このアルゴリズム3.4は，n個の数の和を求めるために，入力を$\frac{n}{2}$個ずつの2つの集合に分割し，それぞれの集合の和を再帰的に求めた後に，得られた2つの和を加算するというアルゴリズムである．このアルゴリズム3.4の主要部分の(1)，(2)，(3)という番号で表された部分が，分割，統治，組合せの各ステップに対応していることがわかるだろう．

また，前章ででてきたクイックソートも分割統治法であるといえる．クイックソートの概要を表すアルゴリズム6.1（65ページ）を再度みてみよう．

アルゴリズム 6.1　クイックソート

```
quicksort(D,left,right) {
  if (left<right) {
    pivot_index=partition(D,left,right);   ---(1)
    quicksort(D,left,pivot_index-1);       ---(2)
    quicksort(D,pivot_index+1,right);      ---(2)
  }
}
```

このアルゴリズム 6.1 では，(1)，(2) の部分がそれぞれ分割と統治のステップになっている．また，この場合は，(2) の統治のステップにより配列の中身がソート済みの状態になるので，組合せのステップは実行する必要がない．

このように分割統治法は多くのアルゴリズムで用いられている．以下では，分割統治法を効果的に用いている代表的な 2 つのアルゴリズムを紹介する．

大きな整数の掛け算 整数の掛け算の計算はコンピュータにおいて基本的な演算であり，プログラム中で，

```
c=a*b;
```

と記述することで簡単に実行することができる．しかし，このような記述で実行できる掛け算はその桁数が限られている．一般に，コンピュータ上で用いられている変数が表すことのできる 2 進数は 32bit か 64bit である．たとえば 64bit の変数では，$-9223372036854775808 \sim 9223372036854775807$ の間の 19 桁以下の整数しか扱うことができない．一般にはこれだけの桁があれば十分だが，暗号理論や数値シミュレーションなどで用いられる整数は 10 進数で 100 桁以上のものもあり，大きな整数の掛け算を行うためのアルゴリズムが必要となる．

このような大きな整数の掛け算を行うために，以下の簡単なアルゴリズムを考える．まず，掛け算を行う 2 つの数 x と y は n 桁とし，各桁ごとに配列 X と Y に逆順に格納されているものとする．たとえば，$x = 1234, y = 5678$ の場合，つぎのようになる．

X[0]=4, X[1]=3, X[2]=2, X[3]=1,

Y[0]=8, Y[1]=7, Y[2]=6, Y[3]=5

つぎに，この整数の掛け算 $x \times y$ を，筆算の要領で求める方法を考える．

```
      1234
   ×  5678
   ───────
      9872
      8638
      7404
      6170
   ───────
   7006652
```

この筆算の方法では，掛け算を行う各桁について 1 桁ごとの積を求め，その積の和を求めている．この方法を具体的なアルゴリズムとして記述すると以下のようになる．

アルゴリズム 7.1　基本的な整数の掛け算

入力：サイズ n の 2 つの配列 X[0], X[1], ..., X[n-1], Y[0], Y[1], ..., Y[n-1]
```
sum=0; power=1;
for (i=0; i<n; i++) {         //xの掛け算を行う桁を変数iで指定する
  s=0; p=power;
  for (j=0; j<n; j++) {       //このfor文でxのi桁目とyの掛け算を計算
    s=s+p*X[i]*Y[j]; p=p*10;
  }
  sum=sum+s; power=power*10;
}
sumを出力;
```

ただし，このアルゴリズムにおいて変数 sum は出力を格納しているので，$2n$ 桁の整数を保存する必要があり，本来ならサイズが $2n$ の配列で表すべきであるが，話を簡単にするために 1 つの変数で表している（サイズが $2n$ の配列としても，アルゴリズムの時間計算量は変わらない）．

このアルゴリズム 7.1 は二重の for 文にいより構成され，どちらの for 文も n 回の繰り返しを実行するので，このアルゴリズムの時間計算量は $O(n^2)$ である．

それでは，この大きな整数の掛け算を分割統治法により計算する方法について説明しよう．まず，n 桁の整数 x と y を，それぞれ $\frac{n}{2}$ 桁の 2 つの整数 x_1, x_2 と y_1, y_2 を用いて以下のように表す．

$$x = x_1 \times 10^{\frac{n}{2}} + x_2, \quad y = y_1 \times 10^{\frac{n}{2}} + y_2$$

たとえば，$x = 1234, y = 5678$ の場合，$x_1 = 12, x_2 = 34, y_1 = 56, y_2 = 78$ である．つまり，x_1, y_1 はそれぞれ x, y の上位 $\frac{n}{2}$ 桁を表し，x_2, y_2 はそれぞれ x, y の下位 $\frac{n}{2}$ 桁を表している．

このとき，$x \times y$ を x_1, x_2, y_1, y_2 を用いて表すと以下のように変形できる．

$$\begin{aligned} x \times y &= (x_1 \times 10^{\frac{n}{2}} + x_2) \times (y_1 \times 10^{\frac{n}{2}} + y_2) \\ &= x_1 y_1 \times 10^n + (x_1 y_2 + x_2 y_1) \times 10^{\frac{n}{2}} + x_2 y_2 \end{aligned}$$

この式は，"$x \times y$ という n 桁の整数どうしの掛け算が，$x_1 y_1, x_1 y_2, x_2 y_1, x_2 y_2$ という 4 つの $\frac{n}{2}$ 桁の整数どうしの掛け算と足し算によって計算できる" ことを表している（10 のべき乗の計算は桁合わせの計算なので，ここでは掛け算に含めないものとする）．

それでは，この式をさらに変形して，掛け算の数を減らしてみよう．

$$\begin{aligned} x \times y &= x_1 y_1 \times 10^n + (x_1 y_2 + x_2 y_1) \times 10^{\frac{n}{2}} + x_2 y_2 \\ &= \underbrace{x_1 y_1}_{a} \times 10^n + (\underbrace{(x_1+x_2)(y_1+y_2)}_{b} - (\underbrace{x_1 y_1}_{a} + \underbrace{x_2 y_2}_{c})) \times 10^{\frac{n}{2}} + \underbrace{x_2 y_2}_{c} \end{aligned}$$

この式より，"$x \times y$ という n 桁の整数どうしの掛け算が，$a = x_1 y_1, b = (x_1+x_2)(y_1+y_2), c = x_2 y_2$ という 3 つの $\frac{n}{2}$ 桁の整数どうしの掛け算と足し算によって計算できる" ということがわかる．

この事実について例を用いて再帰的に考えてみよう．$x = 1234, y = 5678$ の場合，1234×5678 という 4 桁の整数の掛け算は，$a = 12 \times 56, b = (12+34)(56+78), c = 34 \times 78$ という 3 つの 2 桁の掛け算を用いて以下の式で表すことができる．

$$1234 \times 5678$$
$$= \underbrace{12 \times 56}_{a} \times 10^4 + (\underbrace{(12+34)(56+78)}_{b} - (\underbrace{12 \times 56}_{a} + \underbrace{34 \times 78}_{c})) \times 10^2 + \underbrace{34 \times 78}_{c}$$

つぎに，この式の中の 12×56 という掛け算は 2 桁の整数どうしの掛け算であり，$a = 1 \times 5, b = (1+2)(5+6), c = 2 \times 6$ という 3 つの 1 桁の掛け算を用いて以下の式

で表すことができる．

$$12 \times 56 = \underbrace{1 \times 5}_{a} \times 10^2 + (\underbrace{(1+2)(5+6)}_{b} - (\underbrace{1 \times 5}_{a} + \underbrace{2 \times 6}_{c})) \times 10^1 + \underbrace{2 \times 6}_{c}$$

同じように，$(12+34)(56+78)$ および 34×78 という掛け算も，それぞれ3つの1桁の掛け算を用いて表すことができる．

したがって，この性質を用いると，整数の掛け算を求める以下の再帰的なアルゴリズムが得られる．なお，簡単のため，以下のアルゴリズムではnは2のべき乗の数だと仮定している(nが2のべき乗でない場合は，配列がちょうど2つに分割できないために細かな修正が必要となるが，本質的な変更はない)．

アルゴリズム 7.2 分割統治法を用いた大きな整数の掛け算

入力：サイズnの2つの配列 X[0], X[1], ..., X[n-1], Y[0], Y[1], ..., Y[n-1]
```
product(X[0],X[1],...,X[n-1],Y[0],Y[1],...,Y[n-1]) {
  if (入力配列X,Yのサイズが1である) { return XとYの値の積; }   ---(1)
  else {
    配列XとYをそれぞれ半分ずつの以下の2つの配列に分割する．  ---(1)
    X1={X[0],X[1],...,X[n/2-1]},X2={X[n/2],X[n/2+2],...,X[n-1]}
    Y1={Y[0],Y[1],...,Y[n/2-1]},Y2={Y[n/2],Y[n/2+2],...,Y[n-1]}
    a=product(X2,Y2);b=product(X1+X2,Y1+Y2);c=product(X1,Y1);  ---(2)
    //配列では，X1,Y1がx,yの下位桁を表し，X2,Y2がx,yの上位桁を表す
    return a*10^n+(b-(a+c))*10^(n/2)+c; //10^nは10のn乗を表す  ---(3)
  }
}
```

このアルゴリズム7.2においても，(1)，(2)，(3)という番号で表された部分が，分割統治法の分割，統治，組合せの各ステップに対応している．

それでは，このアルゴリズム7.2の時間計算量について考えてみよう．まず，配列XとYのサイズがnのときのアルゴリズム7.2の時間計算量を$T(n)$とおくと，このアルゴリズムは，(1)における定数個の演算，(2)の時間計算量が$T\left(\dfrac{n}{2}\right)$の3つの再帰呼び出し，(3)の$O(n)$個の加算から構成されている．したがって，(1)と(3)に必要な時間計算量を定数cを用いてcnとおくと，$T(n)$について以下の式が成り立つ．

$$T(n) = \begin{cases} \underbrace{3T\left(\dfrac{n}{2}\right)}_{\text{(2) 再帰呼び出し}} + \underbrace{cn}_{\text{(1), (3)}} & (n \geq 2 \text{ の場合}) \\ c & (n = 1 \text{ の場合}) \end{cases}$$

この式より，アルゴリズムの再帰木は，図7.2のようになる．

ここで，まずこの再帰木の高さをhとおいて，再帰途中の入力サイズに着目してhを求める．再帰を始める前の入力サイズがnであり，再帰木のレベルが1つ増えるごとに入力サイズは$\dfrac{1}{2}$になるので，再帰木のレベルkにおける入力サイズは$\left(\dfrac{1}{2}\right)^k n$である．この再帰は入力サイズが1になると終了するので，nが2のべき乗の数の場

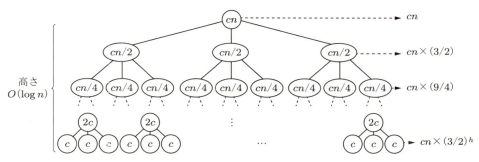

図 7.2 アルゴリズム 7.2 の再帰木

合，$\left(\dfrac{1}{2}\right)^{h-1} n = 1$ が成り立ち，アルゴリズム 1.3 の計算量の場合と同じように解くことができ，$h = 1 + \log_2 n$ となる．

つぎに，各レベルにおける時間計算量を考える．レベルが 0 である根の値は cn であり，レベル 1 の節点の値の和は $3 \times \dfrac{cn}{2} = \dfrac{3}{2}cn$ である．同じように考えると，再帰木よりレベル k の節点の値の和は，$\left(\dfrac{3}{2}\right)^k cn$ であることがわかる．木の高さは，$h = 1 + \log_2 n$ なので，初項 a，公比 r の等比数列の和の公式 $\displaystyle\sum_{i=0}^{n-1} a \cdot r^i = a \cdot \dfrac{1 - r^n}{1 - r}$ を用いると，すべての節点の値の和であるアルゴリズム 7.2 の計算量 $T(n)$ について，以下の式が成り立つ．

$$\begin{aligned}
T(n) &= \sum_{i=0}^{\log_2 n} cn \cdot \left(\frac{3}{2}\right)^i \\
&= cn \cdot \frac{1 - (\frac{3}{2})^{1+\log_2 n}}{1 - \frac{3}{2}} = 2cn \left(\left(\frac{3}{2}\right)^{1+\log_2 n} - 1\right) \\
&= 2cn \left(\frac{3}{2} \cdot \left(\frac{3^{\log_2 n}}{2^{\log_2 n}}\right) - 1\right) = 2cn \left(\frac{3}{2n} \cdot 3^{\log_2 n} - 1\right) \\
&= O(3^{\log_2 n}) = O(n^{\log_2 3}) \quad (\because \log_2 3^{\log_2 n} = \log_2 n \log_2 3 = \log_2 n^{\log_2 3})
\end{aligned}$$

なお，n が 2 のべき乗の数でない場合も，同様の計算により $T(n) = O(n^{\log_2 3})$ であることが導かれる．

したがって，アルゴリズム 7.2 の時間計算量は $O(n^{\log_2 3})$ であるが，$\log_2 3 \cong 1.59$ であるので $O(n^{\log_2 3}) = O(n^{1.59})$ である．この時間計算量をアルゴリズム 7.1 の時間計算量 $O(n^2)$ と比較すると，分割統治法を用いることによって大きく改善されていることがわかる．

マージソート　本章で紹介する分割統治法のもう一つの例は，ソートアルゴリズムの一つである**マージソート**である．このマージソートアルゴリズムは，入力のデータを 2 つに分割し，再帰的にソートを行うという点でクイックソートと似ているが，クイックソートは統治前の分割のステップに重点をおくのに対し，マージソートでは統治後の組合せのステップに重点をおく．

図 7.3 マージソートのアイデア

図 7.3 を用いて分割統治法によるマージソートのアイデアを説明していこう．マージソートでは，まず分割の処理として，図(a)のように，入力の列をほぼ均等な大きさの 2 つの列に分割する．つぎに，統治の処理として，2 つに分割された列をそれぞれ再帰的にソートする．この統治の処理により，図(b)のように，分割された 2 つの列はソート済みの状態になる．最後に組合せの処理として，ソート済みの 2 つの列を 1 つのソートされた列に併合するというマージ操作を行うことにより，図(c)のように全体としてソートされた列が得られる（マージ操作の実現には工夫が必要だが，その詳細については後述する）．

このアイデアを手順としてまとめると以下のようになる（入力データの集合は，$D = \{d_0, d_1, \ldots, d_{n-1}\}$ とする）．

① 集合 D に含まれる要素が 1 つならば，そのまま何もせずにアルゴリズムを終了する．

② 集合 D に含まれるすべてのデータを，

$$D_1 = \{d_0, d_1, \ldots, d_{\lfloor \frac{n-1}{2} \rfloor}\}, \quad D_2 = \{d_{\lfloor \frac{n-1}{2} \rfloor + 1}, d_{\lfloor \frac{n-1}{2} \rfloor + 2}, \ldots, d_{n-1}\}$$

という 2 つの集合に分割する．

③ 集合 D_1 と集合 D_2 をそれぞれ再帰的にソートする（再帰的なソート終了時には，集合 D_1 と集合 D_2 はソート済みの列である）．

④ マージ操作により，D_1 と D_2 から 1 つのソート列を求める．

このマージソートの実行の様子を表す再帰木を図 7.4 に示す．図(a)は，入力データが再帰的に分割される様子を表している．図(b)は，分割されたデータがマージ操作により順番に組み合わされる様子を表している．なお，この再帰木の各節点に含まれるデータは，再帰途中でのデータを表している．

それでは，マージソートの詳細を説明する．マージソートの入力は，他のソートアルゴリズム同様，配列 D[0], D[1], ..., D[n-1] で与えられるものとし，2 つのソート済みの列をマージする操作は関数 merge として実現されるものとする．この関数 merge の詳細は後で述べるが，ここではその入出力のみを簡単に説明する．

図 7.5 に関数 merge の入出力例を示す．関数 merge は入力として，配列 D と，3 つの変数 left, mid, right を引数にもつ．ここで，left, mid, right という変数は，配列 D の D[left], D[left+1], ..., D[mid] と D[mid+1], D[mid+2], ..., D[right]

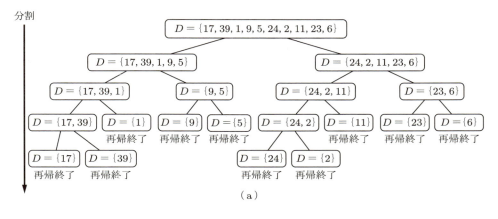

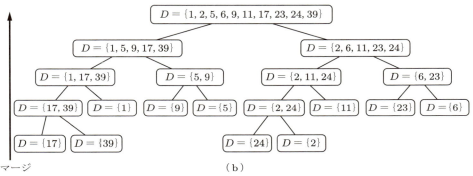

図 7.4 マージソートの再帰木

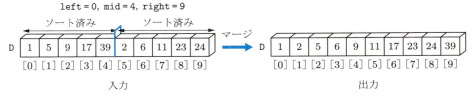

図 7.5 関数 merge の入出力

という部分が，マージの対象となるソート済みの 2 つの列であることを表し，関数 merge の出力は，上記の 2 つの列がマージされたソート済みの列として，配列 D の D[left], D[left+1], ..., D[right] に格納されるものとする．

このような関数 merge が実現できれば，アルゴリズムの概要に基づき，マージソートは以下のように関数 mergesort として実現できる．この関数 mergesort は配列 D と left, right という 2 つの変数を入力とし，left および right という変数は，配列 D の D[left], D[left+1], ..., D[right] という部分が，関数 mergesort の入力であることを表している．

> **アルゴリズム 7.3　マージソート**
>
> 入力：サイズ n の配列 D[0], D[1], ..., D[n-1]
> ```
> mergesort(D, left, right) {
>   mid=(left + right)/2;                            ---(1)
>   if (left < mid) mergesort(D, left, mid);         ---(2)
>   if (mid+1 < right) mergesort(D, mid+ 1, right);  ---(2)
>   merge(D, left, mid, right);                      ---(3)
> }
> //mergesort(D, 0, n-1)を実行することにより入力全体のソートが実行される．
> ```

このアルゴリズム 7.3 は，(1)，(2)，(3) という番号で表された部分が，非常にきれいに分割統治法の分割，統治，組合せの各ステップと対応していることがわかる．

それでは，関数 merge の詳細について説明しよう．2 つのソート列をマージし，1 つのソート列にするという関数 merge は，以下の手順により実現することができる．

① マージ後のソート列を入れる配列 M を用意する．
② 1 つ目のソート済みの列の最小のデータと，2 つ目のソート済みの列の最小のデータを比較する．
③ ②の比較において小さいほうのデータをソート済みの列から削除し，配列 M に格納する．
④ ②，③の操作をどちらかのソート済みの列が空になるまで繰り返す．
⑤ 残ったソート済みの列のデータをすべて配列 M に格納する．
⑥ 配列 M のデータをすべて配列 D にコピーする．

この関数 merge の手順の実行例を図 7.6 に示す．この例では，left=0, mid=4, right=9 となっている．まず，図(a)のように，手順①により空の配列 M を準備し，手順②により D[left]=D[0] と D[mid+1]=D[5] を比較する．つぎに，手順③により，小さいほうのデータである D[0] に格納されているデータを配列 M の先頭に格納すると，図(b)のようになる．この操作を手順④に従って繰り返すと，図(c)のようにどちらかのソート済みの列が空になるので，手順⑤，⑥により最後に残ったデータを配列 M に格納して，配列 M の全体を配列 D にコピーすると，図(d)のようにマージ操作は終了となる．

上記の概要に基づいた関数 merge のアルゴリズムを以下に示す．なお，以下のアルゴリズムでは，上記手順の②，③，④，⑤をまとめて 1 つの for 文で実現している．

> **アルゴリズム 7.4　関数 merge**
>
> ```
> merge(D,left,mid,right)  {
>   x=left; y=mid+1;
>   for (i=0; i<=right-left; i=i+1)  {
>     if (x==mid+1)  { M[i]=D[y]; y=y+1; }       //左のソート列が空の場合
>     else if (y==right+1)  { M[i]=D[x]; x=x+1; } //右のソート列が空の場合
>     else if (D[x]<=D[y])  { M[i]=D[x]; x=x+1; }
>                                     //左のソート列の最小値が小さい場合
>     else { M[i]=D[y]; y=y+1; }      //右のソート列の最小値が小さい場合
>   }
> ```

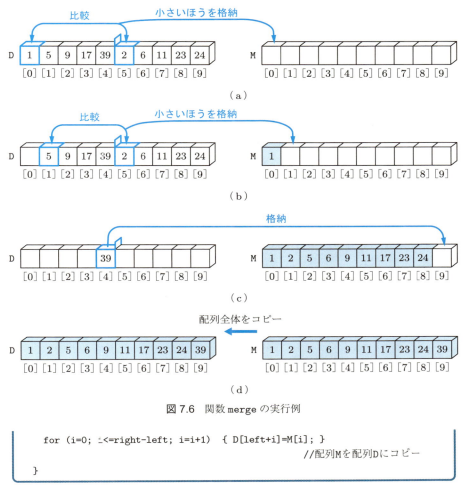

図 7.6 関数 merge の実行例

```
        for (i=0; i<=right-left; i=i+1)  { D[left+i]=M[i]; }
                                                          //配列Mを配列Dにコピー
}
```

以上により，マージソートを実行するアルゴリズムは完成したが，最後に時間計算量を考えてみよう．まず，アルゴリズム 7.4 の関数 merge の時間計算量から考える．このアルゴリズムは入力配列のサイズが n の場合，for 文による n 回の繰り返しで構成されており，繰り返しの処理は $O(1)$ 時間で実行できるので，時間計算量が $O(n)$ であることがわかる．つぎに，マージソートを実行するアルゴリズム 7.3 の時間計算量を考える．入力配列のサイズが n である場合の時間計算量を $T(n)$ とおくと，アルゴリズム 7.3 より $T(n)$ は以下の式で表すことができる．

$$T(n) = \underbrace{T\left(\frac{n}{2}\right)}_{\text{左の部分の再帰}} + \underbrace{T\left(\frac{n}{2}\right)}_{\text{右の部分の再帰}} + \underbrace{cn}_{\text{mid の計算と関数 merge の実行}}$$

この時間計算量 $T(n)$ は，6.1 節のクイックソートの最良時間計算量と同じであるので，同じように計算することができ，$T(n) = O(n \log n)$ となる．したがって，マージソートの時間計算量は $O(n \log n)$ である．

なお，マージソートはどのような入力に対してもほぼ同じ動作をするので，最良時間計算量も最悪時間計算量も等しく $O(n \log n)$ である．また，マージソートは関数

mergeの実現方法に気をつければ，安定なソートアルゴリズムとして実現することができる．

第7章のポイント

1. **分割統治法**とは，問題をいくつかの部分問題に分割して解いた後，その解を再構成して全体の解を得るという手法であり，**分割**，**統治**，**組合せ**という3つのステップで構成される．
2. 分割統治法における分割のステップでは，各部分問題は再帰的に解かれることが多いので，分割統治法のアルゴリズムは再帰を用いることが一般的である．
3. n桁の整数どうしの掛け算を基本的な方法で計算すると，$O(n^2)$時間が必要であるが，分割統治法を用いると，$O(n^{\log_2 3}) = O(n^{1.59})$時間で計算することができる．
4. 分割統治法の代表例である**マージソート**は，入力のデータを2つに分割し再帰的にソートを行うソートアルゴリズムである．マージソートでは，サイズが$\frac{n}{2}$の2つのソート済みの列を$O(n)$時間でマージする処理を関数mergeにより実現することにより，n個のデータに対して$O(n \log n)$時間でソートを実行することができる．

演習問題

7.1 以下の文章の①〜④について，それぞれ正しい記号を下から選べ．正しい記号が複数存在する場合はすべて列挙せよ．

分割統治法は，（ ① ）というアルゴリズムであるが，（ ② ）．マージソートは，（ ③ ）というソートアルゴリズムであるが，n個のデータに対しては，（ ④ ）．

①：a. すべての解を効率良く列挙する
　　b. アルゴリズムの実行途中において全体的なことは考えず，局所的に最良の解を選択する
　　c. 入力をいくつかの部分問題に分割し，各部分問題を再帰的に解く
　　d. 問題を部分問題から解き，その解を記録しておいて再利用する
②：a. 再帰とともに用いられることはない
　　b. 分割，統治，組合せという3つのステップで構成される
　　c. 入力は必ず2つの部分問題に分割される
　　d. 時間計算量は，入力サイズnとすると必ず$O(n \log n)$となる
③：a. 配列の左からデータを順番に処理する
　　b. データをほぼ同じサイズの2つの集合に再帰的に分割する
　　c. 入力を基準値を用いて2つの集合に分割し，再帰的にソートを実行する
　　d. 配列以外のデータ構造を利用する
④：a. 時間計算量がつねに$O(n \log n)$である
　　b. 最悪時間計算量はクイックソートの最悪時間計算量と同じである
　　c. つねに挿入ソートより高速に実行できる

d. 入力により時間計算量が異なる

7.2 アルゴリズム 7.3 のマージソートを改良し，以下のように 3 つの $\frac{n}{3}$ 個のデータに分割するアルゴリズムを考えた．

```
mergesort2(D,left,right) {
  p1=(left+right)*(1/3); p2=(left+right)*(2/3);
  if (left<p1) { mergesort2(D,left,p1); }
  if (p1+1<p2) { mergesort2(D,p1+1,p2); }
  if (p2+1<right) {mergesort2(D,p2+1,right); }
  merge2(D,left,p1,p2,right);
}
```

ここで，関数 `merge2` は，サイズが $\frac{n}{3}$ の 3 つのソート列を $O(n)$ 時間でマージすることができる関数だとする．

(1) アルゴリズム全体の時間計算量 $T(n)$ は，$T(n) = a \times T\left(\frac{n}{b}\right) + O(n)$ と表すことができる．a と b の値を答えよ．

(2) (1)の式をもとに，このアルゴリズムの動作を表す再帰木を描け．

(3) (2)の再帰木を用いて $T(n)$ を求めよ．

7.3 以下の問いに答えよ．

(1) 9 枚のコインの中に 1 枚だけ重さの軽い偽コインがある．天秤を 2 回だけ使って，この偽コインをみつける方法を文章で説明せよ．

(2) (1)のアイデアを使って，n 枚のコインの中から 1 枚だけ重さの軽い偽コインをみつけるアルゴリズムを作成せよ．

(3) (2)のアルゴリズムの時間計算量を理由とともに示せ．

第8章

アルゴリズムの設計手法2

keywords

グリーディ法，コインの両替問題，分割ナップサック問題，0-1ナップサック問題，動的計画法，べき乗の計算

　本章では，前章に引き続きアルゴリズムの設計手法を紹介していく．はじめに，人が物事を判断する場合によく用いる方法でもあるグリーディ法とよばれる手法を説明する．この手法は，アルゴリズムの手法としてはいいかげんな（？）方法であるが，問題によっては効果的に解を求められる方法である．つぎに，一度計算した解を記録しておくことにより再計算の手間を省くという動的計画法とよばれる手法について説明し，この手法を用いて実用的な問題を効率良く解くアルゴリズムを示す．

8.1 グリーディ法

グリーディ法とは　　この節で紹介する**グリーディ法**[1]は，アルゴリズムの手法としては珍しく直感的に理解できる手法である．これは，この手法が"アルゴリズムの実行途中において全体的なことは考えず，その場面で最善と思われる選択をする"という考え方に基づいており，人もしばしば同様の行動をとるので理解しやすく感じられるからだろう．

　このグリーディ法のアイデアの具体的な例として，人が車を運転する場合の道の選び方が挙げられる．A 地点から B 地点まで車を運転しなければならない場合，ある人は事前に地図を調べて通る道を決めてからその道に沿って運転し，ある人は車にカーナビを装着して，カーナビにより計算された最短経路に従って道を選んで運転する．しかし，世の中には図 8.1 のように，"道路に B 地点を示す案内標識があるからその指示に従って運転すればいい"と地図もカーナビももたずに運転を始めるめんどうくさがりな人もいる．このめんどうくさがりな人の運転が，グリーディ法の"全体的なことは考えず，その場面で最善と思われる選択をする"という概念に基づいた道の選び方である．実際に，このような方法で道を選んで運転しても，多くの場合はきちんとA 地点から B 地点まで運転ができるので，地図を使って道を調べたりカーナビを買ったりする手間を考えれば，かなりうまい運転方法であるといえる（ただし，案内標識が

---

1)　グリーディ（greedy）とは，英語で"食いしんぼうの，欲ばりな"といった意味を表す形容詞であり，グリーディ法は貪欲法とよばれることもある．

図 8.1　グリーディ法のアイデアによる車の運転

なかったり間違っていたりすると，無事に目的地にたどり着けるという保証はない)．

このように，グリーディ法により求められた解は問題によっては正しい解であるとは限らないが，いくつかの問題についてはグリーディ法によりつねに正しい解が得られる．そのような問題の例として，以下の問題を考えてみよう．

[問題 8.1]　コインの両替問題

100 円，50 円，10 円，5 円，1 円の硬貨がそれぞれ十分大量にあるものとする．この硬貨を用いて，整数 x が与えられたときに，x 円となるような枚数最小の硬貨の組合せを求めよ．

この問題の入力として，$x = 138$ が与えられたとすると，この問題の解は，

$$138 \text{ 円} = 100 \text{ 円} \times 1 + 50 \text{ 円} \times 0 + 10 \text{ 円} \times 3 + 5 \text{ 円} \times 1 + 1 \text{ 円} \times 3$$

という 8 枚の硬貨の組合せである．

この問題は買物での支払いなど一般生活で頻繁にある状況だが，どんな x が与えられても誰もが簡単にこの問題を解くことができる．なぜなら，x が与えられたときに以下のようなアルゴリズムを頭の中で実行するだけでよいからである．

① x 円を超えないように 100 円硬貨でできるだけ支払う．
② 残りの金額に対して，50 円硬貨でできるだけ支払う．
③ 残りの金額に対して，10 円硬貨でできるだけ支払う．
④ 残りの金額に対して，5 円硬貨でできるだけ支払う．
⑤ 残りの金額に対して，1 円硬貨ですべて支払う．

このアルゴリズムは，"アルゴリズムの実行途中において全体的なことは考えず，使用できる金額のもっとも高い硬貨を選択して支払う"という方針なので，グリーディ法であるといえる．また，このアルゴリズムによってつねに枚数最小の硬貨の組合せが得られるということも体験上理解できるだろう(理論的に枚数最小の組合せが得られることを証明することも可能だが，ここでは省略する)．

ただし，このグリーディ法はどのような硬貨の組合せに対しても枚数最小の組合せが得られるというわけではない．たとえば，仮想的に硬貨の種類として，50 円，40 円，1 円の 3 種類があり，この場合に 120 円を表す組合せを考える．さきほどのグリー

ディ法のアルゴリズムで得られる組合せは，120 円 = 50 円 × 2 + 40 円 × 0 + 1 円 × 20 であるが，最適な硬貨の組合せは，明らかに 120 円 = 50 円 × 0 + 40 円 × 3 + 1 円 × 0 である．このように，グリーディ法によってつねに正しい解が得られるわけではないことは覚えておいてほしい．

ナップサック問題への適用　つぎに，グリーディ法によるアルゴリズムのもう少し複雑な例として，以下のナップサック問題を考える．

[問題 8.2] ナップサック問題

1 から n までの番号のついた n 個の荷物があり，番号が i の荷物の重さと価値がそれぞれ w_i, v_i であるとする．また，荷物を入れるナップサックがあり，このナップサックには重さの和が c までならいくらでも荷物を入れられるものとする．このとき，ナップサックの中の荷物の価値の和が最大になるようなナップサックに入れる荷物の組合せを求めよ．

このナップサック問題におけるナップサックを，宅配便のトラックや貨物輸送を行う航空機だと考えると，どれだけの価値をもった荷物を一度に運ぶことができるかという一般的な問題となり，ナップサック問題が実用的な問題であることがわかるだろう．なお，ここでは，番号が i の荷物の重さと価値を表す w_i と v_i は，すべて 0 より大きい値だと仮定しておく．

番号が i の荷物を入れるか入れないかを x_i という変数で表す場合，このナップサック問題は以下のような式で表すことができる．

価値の総和：$\sum_{i=1}^{n} x_i v_i \rightarrow$ 最大

重さの制約条件：$\sum_{i=1}^{n} x_i w_i \leq c$

この式において，各変数 x_i は 0 以上 1 以下の値をとり，$x_i = 0$ は i 番目の荷物をナップサックに入れないことを表し，$x_i = 1$ は i 番目の荷物をナップサックに入れることを表している．また，$x_i = \frac{1}{2}$ は，i 番目の荷物を半分だけナップサックに入れることを表す．つまり，上記の式で表されるナップサック問題を解くということは，重さの制約条件を満たしつつ，価値の総和を最大にする変数 $x_1, x_2, \ldots, x_n$ の割当を決めるということである．

このナップサック問題は，与えられた荷物を分割できるかどうかで 2 つの種類に分けられる．ここでは，荷物が分割できると考える場合，つまり，各変数 x_i が 0 以上 1 以下である場合のナップサック問題を，**分割ナップサック問題**とよぶ．また，荷物が分割できないと考える場合，つまり，各変数 x_i が 0 または 1 である場合のナップサック問題は **0-1 ナップサック問題**とよぶ．

それでは，このナップサック問題の問題例を考えてみよう．まず，表 8.1 の 4 種類のコーヒー豆が売られているものとする（価格は kg あたりの値段ではなく，それぞれ

表 8.1 ナップサック問題の問題例 1

番号	種類	重さ	価格
1	モカ	2kg	2000 円
2	キリマンジャロ	1kg	3000 円
3	コロンビア	4kg	3000 円
4	ブレンド	5kg	4000 円

のコーヒー豆全部の値段である).

また,ナップサックの容量を 5kg とする.この問題の入力を式で表すと,以下のようになる.

$$w_1 = 2, \quad w_2 = 1, \quad w_3 = 4, \quad w_4 = 5,$$
$$v_1 = 2000, \quad v_2 = 3000, \quad v_3 = 3000, \quad v_4 = 4000, \quad c = 5$$

この問題を分割ナップサック問題とした場合,価値が最大となる解は,

$$x_1 = 1, \quad x_2 = 1, \quad x_3 = 0, \quad x_4 = 0.4$$

である.つまり,モカとキリマンジャロをすべてナップサックに入れて,ブレンドを $\frac{2}{5}$ だけ入れた場合がもっとも価値が高くなり,価値の和は,$2000 + 3000 + 0.4 \times 4000 = 6600$ 円である.

つぎに,この問題を 0-1 ナップサック問題だと考えた場合の解は,

$$x_1 = 0, \quad x_2 = 1, \quad x_3 = 1, \quad x_4 = 0$$

であり,キリマンジャロとコロンビアをナップサックに入れた場合がもっとも価値が高くなり,価値の和は $3000 + 3000 = 6000$ 円である.

それでは,この問題を分割ナップサック問題と仮定して,グリーディ法で解くアルゴリズムを考えてみよう.単純に考えると,"価格の高いものから順にナップサックに入れる"とか,"重さの軽いものからナップサックに入れる"などのグリーディ法が考えられるが,これらの方法では,もっとも価値が高い解は得られない例が簡単にみつかるだろう.

実は,分割ナップサック問題については,"単位重さあたりの価値 $\frac{v_i}{w_i}$ が大きい順にナップサックに入れる"というグリーディ法の手順を用いれば,もっとも価値が高くなる解が得られることが証明されている.この証明に関する詳細については省略するが,前述の例についてこの手順を用いてもっとも価値が高くなる解が求められるということを検証してみよう.まず,すべてのコーヒー豆について単位重さあたりの価値を計算すると以下のようになる.

$$\frac{v_1}{w_1} = 1000, \quad \frac{v_2}{w_2} = 3000, \quad \frac{v_3}{w_3} = 750, \quad \frac{v_4}{w_4} = 800$$

よって,コーヒー豆を $2 \to 1 \to 4 \to 3$ の順に詰めていくと,2 番目のキリマンジャロと 1 番目のモカはすべて入り,4 番目のブレンドが 2 kg だけ入るので,前述のような

価値が最大となる解 $x_1 = 1$, $x_2 = 1$, $x_3 = 0$, $x_4 = 0.4$ が得られる．

このグリーディ法を用いたアルゴリズムを，一般の入力に対して適用できるようにまとめると以下のようになる．なお，i 番目の荷物の重さ w_i と価値 v_i はそれぞれ配列の W[i] と V[i] に格納されているものとする．

アルゴリズム 8.1
分割ナップサック問題を解くグリーディ法によるアルゴリズム

入力：荷物の重さを格納する配列 W[1], W[2], ..., W[n], 荷物の価値を格納する配列
V[1], V[2], ..., V[n], およびナップサック容量を表す定数 C

```
for (i=1; i<=n; i=i+1) { Z[i]=V[i]/W[i]; }    //単位重さあたりの価値を
    計算
Z[1],Z[2],...,Z[n]を荷物の番号とともに降順にソート;
j=1; sum=0;
while (sum<C) {
  Z[j]からZ[j]=V[k]/W[k]を満たすような荷物の番号k を得る;
  if (W[k]<=C-sum) { X[k]=1; sum=sum+W[k]; }
  else { X[k]=(C-sum)/W[k]; sum=C; }
  j=j+1;
}
X[1],X[2],...,X[n]を出力;
```

このアルゴリズム 8.1 の時間計算量を考えてみよう．アルゴリズムの最初の for 文と最後の while 文は $O(n)$ 時間で実行できることが明らかである．また，配列 Z のソートは，第 7 章で紹介したマージソートを用いれば，$O(n \log n)$ 時間で実行することができる．したがって，このアルゴリズムの時間計算量は $O(n + n \log n) = O(n \log n)$ である．

このように，荷物が n 個の分割ナップサック問題は $O(n \log n)$ 時間で解くことができるが，同じ入力の 0-1 ナップサック問題については，グリーディ法を用いたアルゴリズムではもっとも価値の高い解を得ることはできない．0-1 ナップサック問題に対する効率の良い解の求め方については別の手法によるアルゴリズムがあるので，以下で説明していく．

8.2 動的計画法

動的計画法とは この節で紹介する**動的計画法**は，"問題をいくつかの部分問題に分割して解く" という面において，分割統治法と似ている手法である．しかし，分割統治法では，一般に部分問題が単純に再帰的に解かれるのに対して，動的計画法では，"一度解を求めた部分問題についてはその解を記録しておき，同じ部分問題がでてきたときにはその記録しておいた解を再利用する" というアイデアを用いる．これにより同じ部分問題を再度解くための時間が節約でき，アルゴリズム全体の時間計算量を少なくできる．

この動的計画法の考え方を直感的に理解するために，グリーディ法の場合と同じく人が車を運転する場合の道の選び方を考えてみよう．A 地点から B 地点まで車を運転

図 8.2 動的計画法のアイデアによる車の運転

する場合，その経路を運転したことがなければ，地図を調べたりカーナビで道を検索したりグリーディ法で道を選んだりと，なんらかの方法でどの道を通るかを決めなければならない．しかし，図 8.2 のように，その経路を以前に通ったことがある人がいれば，その人に A 地点から B 地点までの道を聞くことによって，道を調べることなく運転することができるだろう．もちろん，その経路を以前に通ったことがある人は，最初にその経路を通るときには道を調べたはずであり，その人の調べた結果が記憶として残っているので，その結果を再利用することができるというわけである．

この動的計画法のアイデアを具体的に理解するために，非常に簡単な例として，数のべき乗を求めるアルゴリズムについて考えてみよう．たとえば，x の n 乗である x^n は，for 文を用いて掛け算を $n-1$ 回実行する以下のような基本的なアルゴリズムで求めることができる．

アルゴリズム 8.2　べき乗を求める基本的なアルゴリズム
```
p=x;
for (i=2; i<=n; i=i+1) { p=p*x; }
p を出力;
```

この単純なアルゴリズムは $n-1$ 回の繰り返しを行う for 文により構成されているので，その時間計算量は $O(n)$ である．

つぎに，このべき乗 x^n を動的計画法を用いて計算してみよう．べき乗 x^n は，簡単な式変形により，以下のように表すことができる．

$$x^n = \begin{cases} x^{\frac{n}{2}} \times x^{\frac{n}{2}} & (n \text{ が偶数の場合}) \\ x \times x^{\frac{n-1}{2}} \times x^{\frac{n-1}{2}} & (n \text{ が奇数の場合}) \end{cases}$$

この式に基づくと，べき乗 x^n の計算は，$x^{\frac{n}{2}}$ もしくは $x^{\frac{n-1}{2}}$ を再帰的に計算することにより求められることがわかる．

このアイデアに基づき分割統治法のアルゴリズムを作ることは簡単だが，そのまま再帰アルゴリズムとすると，$x^{\frac{n}{2}}$ もしくは $x^{\frac{n-1}{2}}$ を再帰的に 2 回計算する必要がある．そこで，"一度解を求めた 部分問題についてはその解を記録しておき，同じ部分問題がでてきたときにはその記録しておいた解を再利用する" という動的計画法の方針を加えて，計算した $x^{\frac{n}{2}}$ もしくは $x^{\frac{n-1}{2}}$ の値を変数に記録することにすると，以下のようなアルゴリズムが得られる．

アルゴリズム 8.3 べき乗を求める動的計画法を用いたアルゴリズム

```
power(x,n) {
  if (n==1) return x;
  else {
    if (n が偶数) { p=power(x,n/2); return p*p;}
    else { p=power(x,(n-1)/2); return x*p*p }
  }
}
```

このアルゴリズム 8.3 の時間計算量を考えると，入力サイズが n の場合のアルゴリズム 8.3 の時間計算量を $T(n)$ とおいた場合，$T(n)$ は以下の式で表すことができる．

$$T(n) = \begin{cases} \underbrace{T\left(\frac{n}{2}\right)}_{\text{power(x,n/2) の計算}} + c & (n \text{ が } 2 \text{ 以上の偶数の場合}) \\ \underbrace{T\left(\frac{n-1}{2}\right)}_{\text{power(x,(n-1)/2) の計算}} + c & (n \text{ が } 3 \text{ 以上の奇数の場合}) \\ c & (n = 1 \text{ の場合}) \end{cases}$$

この式より，$n \geq 2$ に対して，

$$T(n) \leq T\left(\frac{n}{2}\right) + c = T\left(\frac{n}{4}\right) + c + c = \cdots = \underbrace{c + c + \cdots + c}_{\log_2 n \text{ 個}}$$

であり，$T(n) = O(\log n)$ であることがわかる．

ナップサック問題への適用

前述のように，動的計画法を用いて再計算の手間を省けば，問題によっては大きく時間計算量を改善することが可能である．ただし，一般的な問題に対しては，どのように問題を部分問題に分割し，どのような順番で解を記録して再計算の手間を減らすかに対して工夫しなければ動的計画法を適用できない．ここでは，前述の 0-1 ナップサック問題に対して動的計画法を適用し，時間計算量を改善する方法について考えてみよう．

まず，動的計画法を用いない非常に簡単なアルゴリズムから考えていく．0-1 ナップサック問題は，n 個の分割できない荷物の重さと価値，およびナップサックの容量が入力として与えられ，これに対して，ナップサックの中の荷物の価値の和が最大になるような，ナップサックに入れる荷物の組合せを求める問題であった．この問題について，i 番目の荷物をナップサックに入れることを $x_i = 1$，入れないことを $x_i = 0$ として表すと，ナップサックへの荷物の入れ方は，$(x_1, x_2, \ldots, x_n)$ という n 個の変数で表すことができる．たとえば，表 8.1 のコーヒー豆の問題例については，4 つの変数に割り当てられる値は，以下の 16 通りの値の割り当てのいずれかである．

$$(0,0,0,0), (0,0,0,1), (0,0,1,0), (0,0,1,1), (0,1,0,0), (0,1,0,1),$$
$$(0,1,1,0), (0,1,1,1), (1,0,0,0), (1,0,0,1), (1,0,1,0), (1,0,1,1),$$
$$(1,1,0,0), (1,1,0,1), (1,1,1,0), (1,1,1,1)$$

このように，n 個の荷物がある場合，ナップサックへの荷物の入れ方は，2^n 通り存在する．この 2^n 通りの入れ方それぞれについて，ナップサックに入る荷物の重さの和と価値の和を計算し，重さがナップサックの容量を満たしつつ価値が最大になる割り当てを探せば，C-1 ナップサック問題を解くことができる．この考え方で作成したアルゴリズムは以下のとおりとなる．

アルゴリズム 8.4　0-1 ナップサック問題を解く基本的なアルゴリズム

入力：荷物の重さを格納する配列 W[1], W[2], ..., W[n]．荷物の価値を格納する配列
　　　V[1], V[2], ..., V[n]．およびナップサック容量を表す定数 C

```
2^n個の変数割当を作成;
        //作成されたk番目の変数割当をZ[k][1], Z[k][2], ..., Z[k][n]と表す
vmax=0;
for (i=1; i<=2^n; i=i+1)  {
  wsum=0; vsum=0;
  for (j=1; j<=n; j=j+1)  {          //ナップサック中の重さと価値の和を計算
    wsum=wsum+Z[i][j]*W[j]; vsum=vsum+Z[i][j]*V[j];
  }
  if ((wsum<=C)かつ(vsum>vmax)) {
    vmax=vsum;                                    //価値の和をvmaxに記録
    for (j=1; j<=n; j=j+1) {  X[j]=Z[i][j];  } //割り当てを配列Xに記録
  }
}
X[1], X[2], ..., X[n]を出力;
```

このアルゴリズムには 2^n 回の繰り返しを行う for 文と，それに含まれる n 回の繰り返しを行う for 文があり，その部分の時間計算量は $O(n \times 2^n) = O(n2^n)$ である．また，2^n 個の変数割当の作成にも $O(n2^n)$ の時間計算量が必要である．したがって，アルゴリズムの時間計算量は $O(n2^n)$ である．

0-1 ナップサック問題を解くこのアルゴリズム 8.4 は，その考え方は簡単でプログラムとして実現しやすいのだが，時間計算量が $O(n2^n)$ であり，n が大きくなると（人間が生きられる年月では）実行できない．そこで，実行時間の短縮を図るために，以下の動的計画法を用いたアルゴリズムを紹介する．ただし，後で述べるように，この動的計画法を用いたアルゴリズムは，荷物の重さやナップサックの容量が整数で表されるときしか利用できない．

まず，0-1 ナップサック問題をどのように部分問題に分割するかということについて説明する．元々の 0-1 ナップサック問題は，n 個の荷物をナップサックに入れる場合の問題であるが，最初の部分問題として，荷物が 1 番目のものしかないとした場合を考える．この場合，荷物が 1 つしかないので，荷物を入れる場合と入れない場合の 2 通りについて計算すれば，簡単に解を求めることができる．

つぎに，荷物が 1 番目と 2 番目のものしかないとした場合を考える．この場合，荷物が 1 番目のものしかない場合はさきほど計算したので，2 番目の荷物を追加することを考えるだけでよい．ただし，1 番目の荷物しかない場合でもその部分問題は 2 通りに分けられ，追加する 2 番目の荷物も入れる場合と入れない場合の 2 通りが考えられるので，そのまま追加して計算を行うと全体として $2 \times 2 = 4$ 通りの解を考えなけ

ればならない．したがって，この方法で考えていくと，アルゴリズム全体の時間計算量はアルゴリズム 8.4 と同じになり，時間計算量の改善はできない．

そこで，動的計画法の考え方に基づいて，以下の改良を施す．

- ナップサックに入れられる荷物の重さの和ごとに，部分問題の解を記録する．
- 計算済みの各荷物の重さの和を表に記録し，追加した荷物の重さの和を計算する場合に，記録済みの表の値を利用する．

この改良点を具体的に理解してもらうために，例を用いて説明していこう．問題例として，表 8.1 のコーヒー豆の例を入力として，アルゴリズムの手順を説明していく．最初に，1 番目の荷物であるモカのみをナップサックに入れる場合と入れない場合を考える．このとき，

入れない場合 ($x_1 = 0$)：重さの和 $=0$, 価値の和 $=0$

入れる場合 ($x_1 = 1$)：重さの和 $=2$, 価値の和 $=2000$

であり，この結果を横軸を重さとした表に格納する．たとえば，"重さの和 $=0$, 価値の和 $=0$" という結果は重さが 0 の列に格納する．各格納場所の左には価値の和（この場合は 0）を記録し，右にはその価値と重さとなる荷物の集合（この場合は空集合を表す ϕ という記号）を記録する．"重さの和 $=2$, 価値の和 $=2000$" という結果も，同じように記録され，つぎのような表になる．

	0	1	2	3	4	5
1	$(0, \phi)$		$(2000, \{1\})$			

つぎにこの表の空欄を埋めていこう．表の空欄はその荷物だけではぴったりその重さとなる荷物の組合せはないことを表しているが，その重さ未満となる組合せでも 0-1 ナップサック問題の解となる．したがって，この表を左から右へ見ていき，空欄は左側の値で埋めていくようにすると，以下の表が得られる．

	0	1	2	3	4	5
1	$(0, \phi)$	$(0, \phi)$	$(2000, \{1\})$	$(2000, \{1\})$	$(2000, \{1\})$	$(2000, \{1\})$

つづいて，2 番目の荷物を入力に追加して問題を考えよう．このとき，0-1 ナップサック問題について，以下の重要な性質が成り立つことに着目する．

●**性質 8.1**

0-1 ナップサック問題において，i 番目の荷物を追加してその重さの和が w となる解は，以下の 2 つの荷物の入れ方のうち価値が高いほうである．

① $i-1$ 番目以下の荷物のみで重さの和が w となる入れ方

② $i-1$ 番目以下の荷物のみで重さの和が $w - w_i$ である入れ方に，i 番目の荷物を加えたときの入れ方

この性質を使って，1 番目と 2 番目の荷物を使う場合の部分問題を以下の表の $V_0 \sim V_5$，および $L_0 \sim L_5$ を求めることにより解いていこう．

8.2 動的計画法

	0	1	2	3	4	5
1	$(0, \phi)$	$(0, \phi)$	$(2000, \{1\})$	$(2000, \{1\})$	$(2000, \{1\})$	$(2000, \{1\})$
2	(V_0, L_0)	(V_1, L_1)	(V_2, L_2)	(V_3, L_3)	(V_4, L_4)	(V_5, L_5)

たとえば，2 番目の荷物を入力に追加して重さが 2 となる解（表の V_2 と L_2）を考える．このとき，2 つの荷物を用いて重さが 2 となる解は，2 番目の荷物の重さが $w_2 = 1$ なので，性質 8.1 より以下の 2 通りのうち価値が高いほうである．

① 1 番目の荷物のみで重さの和が 2 となる入れ方
② 1 番目の荷物のみで重さの和が $2 - 1 = 1$ である入れ方に，2 番目の荷物を加える入れ方

このとき，①の入れ方は表の 1 行目の左から 3 番目の格納場所に $(2000, \{1\})$ として記録されており，②の入れ方は表の 1 行目の左から 2 番目の格納場所に $(0, \phi)$ として記録されている入れ方に 2 番目の荷物を加えることで求められる．2 番目の荷物の価値は $v_2 = 3000$ なので，それぞれの場合の価値は，①が 2000，②が $0 + 3000 = 3000$ となり，このときの価値が高い入れ方は②の入れ方であることがわかる．したがって，2 番目の荷物を入力に追加して重さが 2 となる解として，$V_2 = 3000$ と $L_2 = \{2\}$ を記入する．

同じようにして，2 番目の荷物を入力に追加して重さが 3 となる解（表の V_3 と L_3）を考える．このとき，①の入れ方は表の 1 行目の左から 4 番目の格納場所に $(2000, \{1\})$ として記録されており，②の入れ方は表の 1 行目の左から 3 番目の格納場所に $(2000, \{1\})$ として記録されている入れ方に 2 番目の荷物を加えることで求められる．したがって，それぞれの場合の価値は，①が 2000，②が $2000 + 3000 = 5000$ となり，このときの解も②の入れ方であることがわかるので，その $V_3 = 5000$ と $L_3 = \{1, 2\}$ を記録する．

このような計算をすべての荷物に対して繰り返すことで表の 2, 3, 4 行目を作成することができ，最終的には以下のような表が得られる．

	0	1	2	3	4	5
1	$(0, \phi)$	$(0, \phi)$	$(2000, \{1\})$	$(2000, \{1\})$	$(2000, \{1\})$	$(2000, \{1\})$
2	$(0, \phi)$	$(3000, \{2\})$	$(3000, \{2\})$	$(5000, \{1, 2\})$	$(5000, \{1, 2\})$	$(5000, \{1, 2\})$
3	$(0, \phi)$	$(3000, \{2\})$	$(3000, \{2\})$	$(5000, \{1, 2\})$	$(5000, \{1, 2\})$	$(6000, \{2, 3\})$
4	$(0, \phi)$	$(3000, \{2\})$	$(3000, \{2\})$	$(5000, \{1, 2\})$	$(5000, \{1, 2\})$	$(6000, \{2, 3\})$

この表において求めたい 0-1 ナップサック問題の解は，表の一番右下に記録されており，この場合は，2 番目と 3 番目の荷物を入れることにより，その価値の和が 6000 になることがわかる．

これらの手順をまとめたアルゴリズムを以下に示す（詳細を記述すると長くなるので，抽象的な記述にとどめている）．このアルゴリズムでは，表は 2 次元配列 T によって表現されており，T[i][j] は表の i 行 j 列目を表すものとする．

> **アルゴリズム 8.5**
> **0-1ナップサック問題を解く動的計画法を用いたアルゴリズム**
>
> 入力：荷物の重さを格納する配列W[1], W[2], ..., W[n], 荷物の価値を格納する配
> 　　列V[1], V[2], ..., V[n], およびナップサック容量を表す定数C
> ```
> 2次元配列Tを準備し, Tのすべての値を (0, φ) に初期化;
> //アルゴリズムの実行のため，表は0列目も準備する
> for (j=W[1]; j<=C; j=j+1) { T[1][j]=(V[1], {1}); }
>   for (i=2; i<=n; i=i+1) {
>     for (j=1; j<=C; j=j+1) {
>       if (j>=W[i]) {
>         T[i-1][j-W[i]]に格納されている値を取り出し，その値を(v1,S1)とする;
>         T[i-1][j]に格納されている値を取り出し，その値を(v2,S2)とする;
>         if (v1+V[i]>v2) { T[i][j]=(v1+V[i],S1∪{i}); }
>         else { T[i][j]=(v2,S2); }
>       }
>       else { T[i][j]=T[i-1][j]; }
>     }
>   }
> ```

最後に，このアルゴリズム 8.5 の時間計算量を考えてみよう．ナップサックの容量を c とすると，このアルゴリズムは，n 回の繰り返しを行う for 文と，それに含まれる c 回の繰り返しを行う for 文が存在し，その部分の時間計算量は $O(c \times n) = O(cn)$ である．また，表の準備についても，表のサイズが $c \times n$ なので，$O(cn)$ の時間計算量が必要である．したがって，アルゴリズムの全体の時間計算量も $O(cn)$ である．

この動的計画法を用いたアルゴリズムの時間計算量 $O(cn)$ を，単純なアルゴリズムであるアルゴリズム 8.4 の時間計算量 $O(n2^n)$ と比較すると，ナップサックの容量 c が一般的な値（n と同じくらいの値）ならば，動的計画法を用いたアルゴリズムのほうが圧倒的に小さい．したがって，荷物の重さやナップサックの容量が整数でなければならない制限はあるが，この問題では，動的計画法を用いてアルゴリズムの時間計算量を大きく改善できることがわかる．

第8章のポイント

1. **グリーディ法**とは，アルゴリズムの実行途中において全体的なことは考えず，その場面で最善と思われる選択をすることにより問題解決を行う方法であり，どのような問題にも適用できるわけではないが，いくつかの問題についてはつねに正しい解を得ることができる．
2. 荷物が n 個の分割ナップサック問題に対しては，グリーディ法により $O(n \log n)$ 時間で正しい解を求めることができる．
3. **動的計画法**は，問題をいくつかの部分問題に分割して解くというアイデアに加えて，解を求めた部分問題については解を記録し，同じ部分問題がでたときにその記録しておいた解を再利用することにより，再計算の時間を節約する手法である．
4. 荷物の重さとナップサックの容量が整数である場合，荷物の個数が n，ナップサッ

クの容量が c である 0-1 ナップサック問題に対して，動的計画法を用いて $O(cn)$ 時間で解を求めることができる．

演習問題

8.1 以下の文章の①〜④について，それぞれ正しい記号を下から選べ．正しい記号が複数存在する場合はすべて列挙せよ．

　グリーディ法は（　①　）というアルゴリズムであるが（　②　）手法である．動的計画法は（　③　）というアルゴリズムであるが（　④　）．

①：a. すべての解を効率良く列挙する
　　b. アルゴリズムの実行途中において全体的なことは考えず，局所的に最良の解を選択する
　　c. 入力をいくつかの部分問題に分割し，各部分問題を再帰的に解く
　　d. 問題を部分問題から解き，その解を記録しておいて再利用する

②：a. つねに最適な解が得られる
　　b. つねに最適な解が得られる問題もあるが，そうでない問題もある
　　c. 最適な解に得られない
　　d. どんな問題にも適用できる

③：a. すべての解を効率良く列挙する
　　b. アルゴリズムの実行途中において全体的なことは考えず，局所的に最良の解を選択する
　　c. 入力をいくつかの部分問題に分割し，各部分問題を再帰的に解く
　　d. 問題を部分問題から解き，その解を記録しておいて再利用する

④：a. 一度計算した値はすぐに削除する
　　b. 0-1 ナップサック問題に対してつねに正しい解が得られるとは限らない
　　c. どんな問題にも適用できる手法である
　　d. 処理の高速化のための手法である

8.2 牛肉倉庫から肉を持ち出しに来た肉屋の店主が，4 種類の冷凍された肉のブロックをみつけた．それぞれの肉のブロックの重さと価格は表 8.2 のとおりである．

表 8.2

ブロック	重さ(kg)	価格(万円)
1	30	20
2	10	10
3	30	40
4	20	50

ただし，店主の持っている袋は，40 kg より多くの肉を入れると破れてしまう．
(1) 肉のブロックを分割してもよいと仮定したとき，どのブロックを袋に詰めれば袋の中の肉の価値の総和が最大になるかを，グリーディ法を用いて計算せよ．

(2) 肉のブロックは分割できないと仮定したとき，どのブロックを袋に詰めれば袋の中の肉の価値の総和が最大になるかを，動的計画法を用いて計算せよ．

8.3 遊んでばかりで年中金欠な大学生の N 君は，アルバイトをして今週末のデート代を稼ごうと考えている．

(1) N 君は水曜日に以下のような 4 つのアルバイトをみつけた．
  ① データ入力（時給 500 円，労働時間 10 時間）
  ② データ集計（時給 700 円，労働時間 8 時間）
  ③ Java プログラミング（時給 1500 円，労働時間 4 時間）
  ④ Web サイト制作（時給 1000 円，労働時間 6 時間）

どのアルバイトも好きな時間にすることができるが，仕事をやり終えなければお金はもらえない．いま，N 君に暇な時間が 12 時間あるとすると，どのように選んでアルバイトをすればもっともお金を稼げるだろうか．

(2) 水曜日のアルバイトだけでは十分なお金が稼げなかった N 君は，金曜日に家庭教師のアルバイトをすることにした．少し探したところ，同じ団地で以下の時間の 10 件の家庭教師のアルバイトがみつかった．

  ① 17:00～18:30　② 17:30～18:15　③ 18:00～18:30　④ 18:15～20:00
  ⑤ 19:00～20:15　⑥ 19:30～20:30　⑦ 20:30～21:30　⑧ 20:45～21:15
  ⑨ 21:00～22:00　⑩ 21:15～22:30

これらのアルバイトはどれも一回 3000 円もらうことができる．また，同じ団地なので 1 つのアルバイト終了後すぐに別のアルバイトをすることが可能であるが，掛け持ちはできない．N 君はどのように選んでアルバイトをすれば，もっともお金を稼げるだろうか．答えとその答えを求めたアルゴリズムを説明せよ．

第9章

アルゴリズムの設計手法3

keywords
バックトラック法，部分和問題，列挙，列挙木，分枝限定法，枝刈り，暫定解，0-1ナップサック問題

　本章では，アルゴリズムの設計手法の最後として，バックトラック法と分枝限定法を紹介する．バックトラック法は，将棋やチェスなどをするゲームプログラムの思考ルーチンなどで使われる基本的手法であり，分枝限定法はバックトラック法における操作の手間を大きく減らすことのできる手法である．ここではこの2つの手法の概念について説明するとともに，これらの手法を用いて，簡単なパズルや0-1ナップサック問題を効率良く解くアルゴリズムを説明する．

9.1　バックトラック法

バックトラック法とは

　これまで，アルゴリズムを用いて効率良く問題を解くことのできるいくつもの例を紹介してきたが，すべての問題に対して効率の良いアルゴリズムが存在するというわけではない．いくつかの問題は，問題の解をすべて列挙し，その列挙された解を一つひとつチェックしていかなければ解くことができない．たとえば，誰もが一度はやったことのあるジグソーパズルは，ピースを一つひとつ形に合うかどうかをチェックしていく以外にパズルを完成させる方法はない（ジグソーパズルは完成まで時間がかかるからおもしろいのであって，もし"すぐにジグソーパズルを完成させる方法"なんてものがあれば，誰も好んでジグソーパズルなんて作らない

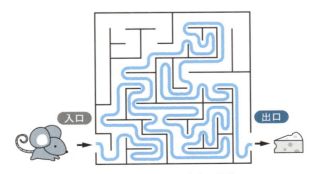

図9.1　右手法による迷路の解法

だろう）．また，図9.1のような迷路も，ひたすら試行錯誤を繰り返して入口から出口までの道を探すパズルの1つである．

ただし，このようなパズルでも，単純に試行錯誤を繰り返すのではなく，できるだけ手順を抑えてすべての解の列挙を行う方法がある．たとえば，ジグソーパズルの場合なら，やみくもにピースをはめては時間がかかるばかりなので，全体の端の部分からピースを組み立てていくのが普通のやり方である．また，図9.1のような迷路の入口から出口までの道を効率良くみつける方法としては，"迷路の壁に右手を触れて，その右手が壁から離れないように前に向かって進んでいく"という右手法とよばれる方法が知られている．この方法を用いれば，決して短い時間ではないが，同じ道を3回以上通ることなく，必ず迷路の入口から出口までの道が得られることがわかるだろう[1]．

この右手法のように，解の列挙が必要な問題に対して効率良く系統的に解を列挙しチェックを行う方法が，**バックトラック法**という手法である．前述の解の列挙が必要な問題には，必ずいくつかの選択肢がある．これは，ジグソーパズルの例なら1つの場所にどのピースをはめるかということであり，迷路の場合は，道が分岐した場合にどちらの道を選ぶかということである．バックトラック法での基本的なアイデアは，解の列挙が必要な問題に対して規則的に選択肢の決定を行っていき，選び方を間違えた場合に後戻りして以前に選んでいない別の選択肢を進むというものである．

部分和問題への適用

このバックトラック法の考え方をさらに理解するために，以下の部分和問題に対してバックトラック法を用いたアルゴリズムを考えてみよう．

> **[問題 9.1]　部分和問題**
>
> $\{x_1, x_2, \ldots, x_n\}$ という n 個の正の実数の集合と，s という正の実数が与えられたとする．このとき，$\{x_1, x_2, \ldots, x_n\}$ の中からその和がちょうど s になる実数の選び方を求めよ．

たとえば，この問題の入力として，集合 $\{3, 14, 6, 9\}$ と $s = 12$ が与えられたとする．この場合は，集合の中から $3, 9$ という数を選べば，$3 + 9 = 12$ であるので，問題の出力は "s に等しくなる選び方が存在し，その組合せは $\{3, 9\}$ である" となる．また，同じ入力の集合と $s = 19$ が与えられた場合は，どのように選んでも和が19となることはないので，問題の出力は "s に等しい選び方が存在しない" となる．

この問題をバックトラック法を用いて解くための手順を考えていこう．まずこの問題にどのような選択肢があるのかを考えると，部分和問題については，各実数について "足すか足さないか" という2通りの選択肢があることがわかるだろう．上の例なら，$3, 14, 6, 9$ というそれぞれの数について，足すか足さないかという2つの選択肢があり，全部で 2^4 通りの解があることになる．

つぎに，この選択肢を一つひとつ選んでいく．バックトラック法では，この選択肢の選び方を**列挙木**とよばれる木を用いて表すのが一般的である．図9.2に上記の例の

---

[1] 入口や出口が迷路の外側に面してない場合は，この方法では解くことができない場合もある．

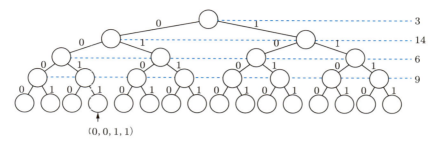

図 9.2 列挙木

場合の列挙木を示す．この列挙木において，葉以外の節点は一つひとつの選択肢を表し，各辺はどの選択肢を選んだかを表す．たとえば，図の列挙木の場合は，各レベルの節点は上から 3, 14, 6, 9 という数に対する選択肢を表しており，辺につけられた 0 もしくは 1 という値は，それぞれその数を足さない場合と足す場合を表している．また，列挙木の葉は 1 つの解を表し，その解は根から葉への経路で表される．たとえば，図の列挙木において，根から左から 4 番目の葉への経路の辺につけられた値を並べると $(0, 0, 1, 1)$ となり，これは "3, 14 は足さず，6, 9 は足す" という解を表している．

バックトラック法を用いたアルゴリズムは，この列挙木を根から作成することにより実行される．前述の例 $(s = 12)$ に対するバックトラック法の実行について，図 9.3 を用いて説明していこう．

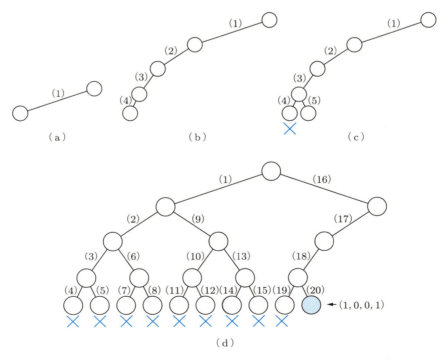

図 9.3 バックトラック法の実行（カッコ内の数字は選択の順序を表す．）

まず，3を足すか足さないかという選択肢が与えられる．そこで，3を"足さない"という選択肢を選ぶことにより図9.3(a)の木が得られる．同じように，14, 6, 9の順に選択肢が与えられるが，すべて"足さない"という選択肢を選ぶと，図(b)の木が得られる．ここで，これ以上の選択肢はないので，この場合の解から和を計算すると0であり，$s=12$ではない．そこで，1つ上のレベルに戻り9について"足す"というもう一つの選択肢を選ぶと，図(c)の木が得られる．この場合の葉についても和を計算すると9であり，sとは異なる．そこで，1つ上のレベルに戻るが，9という数に関する選択はすべて終えたので，さらに1つ上のレベルに戻り，6を足すという選択を行う．以下，同様の手順により列挙木を作成していくと，図(d)の状況で，$(1, 0, 0, 1)$という解による和がsに等しいことがわかり，アルゴリズムが終了となる．

この部分和問題を解くバックトラック法は，以下のようなアルゴリズムとして実現することができる．このアルゴリズムは，選択が行われる実数を示す変数levelを引数にもつ再帰的なアルゴリズムとなっている．また，入力のn個の実数は配列X[1], X[2], ..., X[n]に格納されており，和がsとなる場合の選択を配列Y[1], Y[2], ..., Y[n]に格納するものとする．

アルゴリズム 9.1
部分和問題を解くバックトラック法を用いたアルゴリズム

入力：実数の集合を表す配列X[1], X[2], ..., X[n], および実数s

```
BT_subsetsum(level) {
  if (level>n) {
    sum=0;
    for (i=1; i<=n; i=i+1) { sum=sum+Y[i]*X[i]; }
    if (sum==s) { Y[1], Y[2], ..., Y[n]を出力し，アルゴリズムを終了; }
  }
  else {
    Y[level]=0; BT_subsetsum(level+1);    //X[level]を足さない場合
    Y[level]=1; BT_subsetsum(level+1);    //X[level]を足す場合
  }
  if (level==1) "sに等しい選び方が存在しない"と出力;
}
//BT_subsetsum(1)と指定して実行することにより，部分和問題の解が求められる．
```

この部分和問題を解くアルゴリズム9.1の時間計算量を考えてみよう．このようなバックトラック法を用いた再帰アルゴリズムの場合は，列挙木が再帰木にほぼ等しいので，列挙木を用いてアルゴリズムの時間計算量を考えることができる．たとえば，sが0ならばすべての整数を足さない場合が求める解となり，その場合の列挙木は図9.3(b)のようになるので，時間計算量は$O(n)$である．実は，この場合の時間計算量はアルゴリズムの最良時間計算量であるが，一般には，そのような入力が与えられるとは考えにくい．

つぎに，最悪時間計算量を考えると，その場合の列挙木は図9.2のようになるが，この木は高さが$n+1$であるので，27ページの性質3.3より，この木の節点数は$O(2^n)$個となる．また，各節点での時間計算量はアルゴリズム9.1より，葉の場合は$O(n)$時

間，内部節点の場合は定数時間であり，葉の数は 27 ページの性質 3.1 より，$O(2^n)$ 個なので時間計算量は $O(n2^n)$ となる．

9.2 分枝限定法

分枝限定法とは この節で紹介する**分枝限定法**は，ほとんどの場合においてバックトラック法と一緒に用いられる手法である．分枝限定法では，バックトラック法により作成される列挙木の各節点が表す選択肢において，その選択により問題の出力となる解が得られるかどうかを判定し，得られないと判定される場合はそれ以上の列挙の操作を中止し，列挙木の上のレベルに戻るという操作を行う．このとき，各節点において，出力となる解が得られるかどうかを判定する操作を**枝刈り**とよんだり，**限定操作**とよんだりするが，以下では統一して枝刈りとよぶ．

たとえば，グリーディ法や動的計画法の場合と同じく，車を運転する場合の道の選び方で考えてみよう．A 地点から B 地点まで車を運転するときに，地図もカーナビもなく，道路の案内標識もない田舎の一本道を走っているとしよう．このとき，バックトラック法のアイデアによる運転というのは，図 9.4 (a) のように，何も調べずにとりあえずその一本道を行き止まりになるまで走って，それ以上進めなくなってから引き返すというやり方である．これに対して，分枝限定法のアイデアによる運転では，図 (b) のように，工事中の看板を見たり，道を歩いている人に道を聞いたりして，その道では B 地点に到着できないことがわかった時点で引き返すという運転方法である．

図 9.4 バックトラック法と分枝限定法のアイデアによる車の運転

それでは，まずアルゴリズム 9.1 にこの分枝限定法のアイデアを加えて，少しでも列挙の処理を減らす方法を考えてみる．アルゴリズム 9.1 では入力の各実数に対して，足すか足さないかという選択肢を設けてそれをすべてチェックしている．しかし，s が比較的小さい値の場合や，逆に大きい値の場合は，以下のアイデアにより列挙しなくてもいい選択肢があることがわかる．

まず，s が比較的小さい場合は，いくつかの整数を足しただけで s を超えてしまい，

他の整数を足すか足さないかにかかわらず，その和が s に等しくならない．たとえば，入力として集合 $\{3, 14, 6, 9\}$ と $s = 12$ を考える．この場合，3 と 14 を足すことを選択するとその和は 17 であり，それだけで s の値を超えている．したがって，この選択の状態では，6 と 9 を足しても足さなくても和が s と等しくならないので，6 と 9 に関する選択肢を列挙する必要はない．

また，s が比較的大きい場合は，与えられたすべての整数を足してもその和が s になることはない．たとえば，入力が集合 $\{3, 14, 6, 9\}$ と $s = 19$ の場合，3 と 14 を足さないと仮定すると，残りの整数の和は $6 + 9 = 15$ であり，すべての整数を足しても s より小さい．したがって，この場合も，6 と 9 を足しても足さなくても和が s と等しくならないので，6 と 9 に関する選択肢を列挙しなくてよい．

この分枝限定法のアイデアを組み込んでアルゴリズム 9.1 を改良したアルゴリズムを以下に示す．

アルゴリズム 9.2　部分和問題を解く分枝限定法を用いたアルゴリズム

入力：実数の集合を表す配列 X[1], X[2], ..., X[n], および実数 s

```
BB_subsetsum(level) {
  if (level>n) {
    sum=0;
    for (i=1; i<=n; i=i+1) { sum=sum+Y[i]*X[i]; }
    if (sum==s) { Y[1], Y[2], ..., Y[n]を出力し，アルゴリズムを終了; }
  }
  else {
    sum1=0; sum2=0;
    for (i=1; i<=n; i=i+1) {
      if (i<level) { sum1=sum1+Y[i]*X[i]; sum2=sum1; }
      else { sum2=sum2+X[i]; }
    }
    //sum1 は選択した整数の和，sum2 は選択した整数と未選択のすべての整数の和
    if ((sum1<=s)かつ(sum2>=s)) { //枝刈りの判定
      Y[level]=0; BB_subsetsum(level+1); //X[level]を足さない場合
      Y[level]=1; BB_subsetsum(level+1); //X[level]を足す場合
    }
  }
  if (level==1) "sに等しい選び方が存在しない"と出力;
}
```

このアルゴリズム 9.2 では，列挙木の各節点に相当する部分で，それまでに選んだ整数の和 sum1 と，それまでに選んだ整数の和に未選択の整数をすべて加えた値 sum2 を求める．この 2 つの値を使って，sum1 が s 以下であり，かつ，sum2 が s 以上である場合のみアルゴリズム中の再帰を継続するという枝刈り判定を行うことにより，列挙の処理を減らしている．

このアルゴリズム 9.2 を，整数の集合 $\{3, 14, 6, 9\}$ と $s = 12$ に対して実行した場合の列挙木を図 9.5 に示す．図の節点中の数字は，その節点が葉の場合は選択した整数の和を，内部節点の場合は sum1 と sum2 の値を表している．この図 9.5 と図 9.3 (d) を比較すると，大きく計算の手間が省かれていることがわかるだろう．

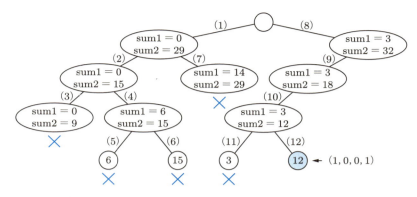

図 9.5 部分和問題に対して分枝限定法を用いた場合の列挙木（$s = 12$ の場合）

ただし，このアルゴリズム 9.2 は s の値によってはアルゴリズム 9.1 とほぼ同じ動作を行うので，アルゴリズム 9.2 の時間計算量はアルゴリズム 9.1 と漸近的には同じである（むしろ，途中で sum1 や sum2 の計算を実行しているので，最悪の場合の実際の実行時間は遅くなる）．しかし，s が比較的小さい場合や大きい場合は，アルゴリズム 9.1 と比べると，このアルゴリズムの実行時間は非常に高速であり，実用的には有効なアルゴリズムである．

ナップサック問題への適用

分枝限定法の有効性をさらに確かめるために，動的計画法のところでも述べた 0-1 ナップサック問題を分枝限定法を用いて解くアルゴリズムについて紹介しよう（0-1 ナップサック問題とはどのような問題であったか忘れた人は，88 ページを読み直してほしい）．なお，0-1 ナップサック問題を解く動的計画法のアルゴリズムは，荷物の重さやナップサックの容量が整数である必要があったが，以下で紹介する分枝限定法のアルゴリズムではそのような制約は存在しない．

まず，この 0-1 ナップサック問題は，部分和問題と同じように列挙木を作成することによりバックトラック法を用いて解くことができる．この 0-1 ナップサック問題に対する列挙木は，各節点において"各荷物をナップサックに入れるか入れないか"という 2 通りの選択肢を考えることにより作成することができる．ただし，8.1 節の分割ナップサック問題に対するグリーディアルゴリズムにおいては，「単位重さあたりの価値が大きい順にナップサックに入れる」という方法が効果的であったので，列挙木においても，単位重さあたりの価値の順にナップサックに入れるか入れないかを考えるものとする．

たとえば，0-1 ナップサック問題の入力として表 9.1 の 4 つの絵を考えてみよう．また，ナップサックの容量を 10 kg だとする．

この入力に対して，各辺の 1, 0 という値がそれぞれ各荷物を入れるか入れないかということを表すとすると，図 9.6 の列挙木が得られる．この列挙木の葉に相当する部分で制約条件を満たすかどうか判断し，制約条件を満たす解の中で最大の価値となる解を出力することにより，バックトラック法を用いて 0-1 ナップサック問題を解くことができる．

表9.1 ナップサック問題の問題例2

番号	種類	重さ(kg)	価格(百万円)	単位重さあたりの価値(百万円/kg)
1	絵1	4	32	8
2	絵2	7	35	5
3	絵3	6	24	4
4	絵4	3	9	3

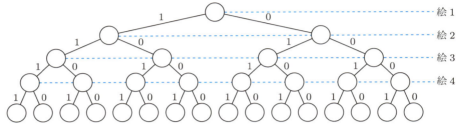

図9.6 0-1ナップサック問題に対する列挙木

0-1ナップサック問題における枝刈りの条件

それでは，この列挙木に対して，分枝限定法による枝刈りがどのように適用できるかを考えていこう．最初に考えられるのは，ナップサックの容量に関する以下の2つの枝刈りの条件である．

まず，容量に関する1つ目の条件について考える．いくつかの荷物をナップサックに入れると選択した状態で，その重さの和が容量 c を超えているならば，他の荷物を入れるか入れないかにかかわらず，その状態では重さの制約条件は満たされない．たとえば，上記の問題例について考えると，絵1と絵2を入れると選択した場合，その重さの和はナップサックの容量である10 kgを超えている．したがって，この場合にはその他の絵に関する選択肢を省略し，列挙の操作を打ち切って後戻りすることができる．

つぎに，容量に関する2つ目の条件について考える．いくつかの荷物をナップサックに入れるか入れないかを選択した状態で，その重さの和が容量 c に等しいならば，これ以上荷物を入れることはできない．したがって，この状態が0-1ナップサック問題の1つの解である．このように列挙木の途中で得られた解を"暫定的なもっとも高い価値を表す解"という意味で**暫定解**とよび，価値の和を変数 z として保存しておく．たとえば，絵1と絵3を入れると選択したとき，重さの和は10 kgであり，ナップサックの容量に等しい．したがって，"絵1，絵3を入れて，絵2，絵4を入れない"という暫定解が得られたので，$z = 32 + 24 = 56$ として価値の和を保存する．

最後に，0-1ナップサック問題に適した枝刈りの条件について考えよう．上記の枝刈りでは，容量 c に関する条件で枝刈りを判断したが，同じように価値に関しても枝刈りの条件が設定できるはずである．同じ問題例についてこの条件をどのように設定すればよいかを考えてみよう．

たとえば，列挙木において前述の"絵1，絵3を入れて，絵2，絵4を入れない"という暫定解が得られたとする．このときの暫定的な最大の価値の和は $z = 56$ である．

つぎに，"絵1は入れない"と選択し，枝刈りができないかどうか考えてみる．この状態では，ナップサック内の荷物の価値の和は0であり，ナップサックの残りの容量は10 kgである．この状態に対して，絵2，絵3，および，絵4をナップサックに詰めた場合の価値の和の上限が簡単に計算できれば，その上限と暫定解zとの比較により，列挙を継続すべきかどうかが判断できる（上限がzより大きい場合のみ列挙を継続する）．もちろん，残った絵が3つなら選択肢を列挙するのはそれほど難しくないが，残った絵が多い場合は，選択肢を列挙して判断するのでは手間がかかるので，簡単にナップサックに詰めた場合の価値の和の上限を計算する方法が必要である．

この上限を計算する方法はいくつかあるが，ここでは比較的簡単な方法を説明する．ナップサックの容量がc，ナップサック内の荷物の重さの和がw，価値の和がvであるとき，上限の値ubは以下の式で計算することができる．

$$ub = v + (c-w) * (\text{未選択の荷物の単位重さあたりの価値の最大値})$$

この式により得られる値ubは，ナップサックの残りの容量分を，もっとも高い単位重さあたりの価値の品物を分割して満たした場合の価値である．ただし，この場合は，仮想的に品物の1つの価値を超えてナップサックに詰めるということも想定していることに注意しよう．

例に戻ってこの上限の値をどのように利用するのかを考えてみよう．"絵1は入れない"と選択した場合，未選択かつ単位重さあたりの価値がもっとも高い荷物は絵2なので，上記の式の値ubは以下のようになる．

$$ub = 0 + (10 - 0) * 5 = 50$$

したがって，残りの絵だけで得られる価値の上限は50であり，これは暫定解$z = 56$より小さい．つまり，"絵1を入れない"と選択した場合は，0-1ナップサック問題の出力となる解は得られないので，絵2，絵3，および，絵4に関する選択肢は省略して後戻りすることができる．

以上の3つの枝刈りの条件をまとめると以下のようになる．

枝刈り条件(A) ナップサック内の荷物の重さの和が容量cを超えている．
→ 重さの制約条件を満たさないので，列挙の操作を打ち切り後戻りする．

枝刈り条件(B) ナップサック内の荷物の重さの和が容量cに等しい．
→ 現在の選択を暫定解として記録し，後戻りする．

枝刈り条件(C) 前述の上限の値ubが暫定解よりも小さい．
→ 出力の解とはならないので，列挙の操作を打ち切り後戻りする．

0-1ナップサック問題を解くアルゴリズムの実現 これらの枝刈り条件(A)，(B)，(C)を列挙木の各節点でチェックすることにより，分枝限定法により0-1ナップサック問題を解くアルゴリズムを実現することができる．図9.7にこの枝刈り条件を用いて，前述の問題例（ナップサックの容量$c = 10$）に対して列挙木を作成する様子を示す．

最初は暫定解$z = 0$とし，図9.7 (a)に示す絵1を入れる場合を考える．このとき，ナップサックの中の荷物の重さの和は$w = 4$なので，枝刈り条件(A)，(B)は成り立た

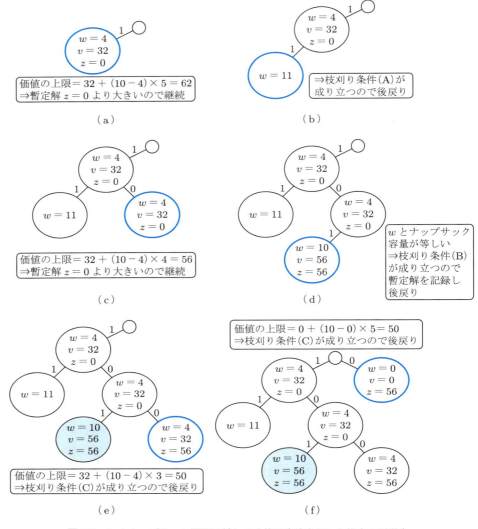

図 9.7 0-1 ナップサック問題に対して分枝限定法を用いた場合の列挙木

ず，枝刈り条件(C)も図に示す計算から成り立たない．したがって，枝刈り条件(A)，(B)，(C)がすべて成り立たないので，列挙の操作は継続される．

つぎに，図(b)に示す絵2も入れる場合を考える．この場合は，ナップサック内の荷物の重さの和が $w=11$ であり，枝刈り条件(A)が成り立つので後戻りする．また，図(c)に示す絵2を入れない場合を考えると，この場合は，枝刈り条件(A)，(B)，(C)がすべて成り立たないので，列挙の操作は継続される．

つづいて，図(d)に示す絵3を入れる場合を考える．この場合は，枝刈り条件(B)の説明で示したとおり，ナップサック内の荷物の重さの和が $w=10$ であり，w とナップサック容量が等しいので，枝刈り条件(B)が成り立ち，暫定解 $z=56$ を記録し，後戻りする．また，図(e)に示す絵3を入れない場合を考えると，価値の上限が $ub=50$

であり，暫定解の価値 $w=56$ より小さいので，枝刈り条件(C)が成り立ち，後戻りする．

最後に，図(f)に示す絵1を入れない場合を考える．この場合は，枝刈り条件(C)の説明で示したとおり，価値の上限が $ub=50$ であり，枝刈り条件(C)が成り立ち，後戻りする．

以上より，すべての解の列挙が終了し，0-1ナップサック問題の出力となる解が $(x_1, x_2, x_3, x_4) = (1, 0, 1, 0)$ であり，そのときの価値が56であることが求められた．

最後に，分枝限定法により0-1ナップサック問題を解くアルゴリズムの概要をアルゴリズム9.3としてまとめておく．

アルゴリズム 9.3

0-1ナップサック問題を解く分枝限定法を用いたアルゴリズム

入力：荷物の重さを格納する配列 W[1], W[2], ..., W[n]，荷物の価値を格納する配列
　　　V[1], V[2], ..., V[n]，およびナップサック容量を表す定数 C

```
BB_01knapsack(level) {
  if (level>n) {          //列挙木の葉に相当する場合の処理
    w=ナップナック内の荷物の重さの和;
    v=ナップナック内の荷物の価値の和;
    if ((w<=c)かつ(v>z)) { z=v; ナップサック内の荷物を解の候補として記録;
    }
  }
  else {                  //列挙木の内部節点に相当する場合の処理
    w=ナップサック内の荷物の重さの和;
    v=ナップサック内の荷物の価値の和;
    if (枝刈り条件(A)が成り立たない) {
      if (枝刈り条件(B)が成り立つ) {
        if (v>z) { z=v; ナップサック内の荷物を解の候補として記録; }
      }
      else if (枝刈り条件(C)が成り立たない) {
        X[level]=1; BB_01knapsack(level+1);
        X[level]=0; BB_01knapsack(level+1);
      }
    }
  }
  解の候補として記録されている荷物の集合を出力;
}
//BB_01knapsack(1)として実行する
//なお，暫定解を表す変数zは外部変数として0に初期化されているものとする
```

このアルゴリズム9.3の時間計算量は，最悪の場合を考えると，n個の荷物に対して $O(n2^n)$ であるが，単なるバックトラック法のアルゴリズムと比較すると，実際は非常に高速なアルゴリズムである．

このように分枝限定法は，うまく使えば問題解決のための時間を大きく減らすことができる．ただし，分枝限定法を用いたアルゴリズムの実行時間は，列挙を行う入力の順序や枝刈りの条件により大きく変化するので，高速な分枝限定法の実行のためには，それらに対する十分な考察が必要不可欠である．なお，本書では省略したが，0-1

ナップサック問題については，容量に関するさらなる枝刈り条件や，分割ナップサック問題を用いた枝刈り条件など，さらに洗練された枝刈り条件を用いることが可能である．これらについて興味のある人は，巻末の「さらなる勉強のために」で紹介する書籍や最適化手法に関する書籍を参照してほしい．

第9章のポイント

1. **バックトラック法**とは，解の列挙が必要な問題に対して効率良く系統的に解を列挙しチェックを行う方法である．このバックトラック法における解の列挙は，列挙木とよばれる木を用いて表される．
2. 入力サイズが n の部分和問題に対するバックトラック法を用いたアルゴリズムの時間計算量は，$O(n2^n)$ である．
3. **分枝限定法**はバックトラック法に加えて用いられる手法であり，**枝刈り**という操作により不必要な列挙の操作を行わないようにする手法である．ここで枝刈りとは，バックトラック法により作成される列挙木の各節点が表す選択肢において，暫定解などからその選択により問題の出力となる解が得られないと判定される場合に，それ以上の列挙の操作を中止し，後戻りする操作である．
4. 部分和問題や 0-1 ナップサック問題に対する分枝限定法を用いたアルゴリズムの最悪時間計算量は，漸近的には分枝限定法を用いないバックトラック法と同じである．しかし，分枝限定法を用いたアルゴリズムの実際の実行時間は，単なるバックトラック法のアルゴリズムと比較して，非常に高速である．

演習問題

9.1 以下の文章の①〜③について，それぞれ正しい記号を下から選べ．正しい記号が複数存在する場合はすべて列挙せよ．

　バックトラック法は（　①　）というアルゴリズムである．また，分枝限定法は，バックトラック法に（　②　）という性質を追加した方法である．この分枝限定法では（　③　）．

①：a. すべての解を効率良く列挙する
　　b. アルゴリズムの実行途中において全体的なことは考えず，局所的に最良の解を選択する
　　c. 入力をいくつかの部分問題に分割し，各部分問題を再帰的に解く
　　d. 問題を部分問題から解き，その解を記録しておいて再利用する

②：a. 解の列挙をさらに増やす　　　　　b. 不必要な解の列挙を省略する
　　c. 入力そのものを限定する　　　　　d. 近似的な解を求める

③：a. 入力によりアルゴリズムの実行時間は大きく異なる
　　b. どのような入力に対してもアルゴリズムの実行時間は同じである
　　c. 枝刈りの条件の決め方により実行時間が変化する
　　d. 暫定解を記録しなくても実行時間は変わらない

9.2 重さが 0 より大きく W より小さい n 個の荷物があり，これらの荷物の重さを $w_1, w_2, \ldots, w_n$ とする．また，容量が W の袋が 3 つあるものとする．この n 個の荷物を 3 つの袋にすべて詰めたいのだが，そのような詰め方があるかどうかを判定するアルゴリズムをバックトラック法を用いて作成せよ．

9.3 A 君がスーパーにバーベキュー用の肉を買いに行ったところ，スーパーの開店記念ということで，以下の 5 種類の肉の中からちょうど $8\,\mathrm{kg}$ になるように選べたら，肉を無料でもらえるというキャンペーンが開催されていた．
  ① 牛カルビ($6\,\mathrm{kg}$) ② 牛ロース($2.5\,\mathrm{kg}$) ③ 牛ハラミ($5\,\mathrm{kg}$)
  ④ 地鶏($4\,\mathrm{kg}$) ⑤ 豚カルビ($3\,\mathrm{kg}$)
どのように選べば，肉の総重量が $8\,\mathrm{kg}$ になるかを分枝限定法で求めよ．

9.4 運送業者が美術館から以下の 4 種類の絵を運搬するように依頼を受けた．それぞれの絵の重さと価値は表 9.2 のとおりである．

表 9.2

番号	種類	重さ(kg)	価格(百万円)	単位重さあたりの価値(百万円/kg)
1	絵1	16	24	1.5
2	絵2	20	22	1.1
3	絵3	24	12	0.5
4	絵4	30	12	0.4

運送業者のもっている運搬ケースは絵を運ぶために十分大きいのだが，$50\,\mathrm{kg}$ より多くの物を入れると壊れてしまう．どのように絵を運搬すれば運ぶ絵の価値が最大になるかを分枝限定法で求めよ．

第10章 グラフアルゴリズム

keywords

グラフ，隣接行列，隣接リスト，幅優先探索，深さ優先探索，最短経路，ダイクストラ法

　ここからは，いくつかの分野の具体的な問題に対して，どのようにして効率的なアルゴリズムが実現されているのかを紹介していく．まず，本章では，情報を視覚的に表現するための数学的概念であるグラフに関するアルゴリズムを説明する．最初に，グラフの定義やグラフを格納するためのデータ構造について述べ，つぎに，グラフの頂点を探索する基本的な手法である，幅優先探索と深さ優先探索を説明する．最後にグラフを用いた実用的な問題である最短経路問題に対する効率の良いアルゴリズムを紹介する．

10.1 グラフとは

　本章で紹介する**グラフ**という概念は，本書の第3章で紹介した木と同じように情報を視覚的に表現するための抽象概念である（統計などで用いられる折れ線グラフや棒グラフとは別の概念なので注意してほしい）．日常でのグラフの概念を表す例としては，図10.1 (a)に示すような鉄道の路線図や，図(b)のような電子回路の回路図などが挙げられる．

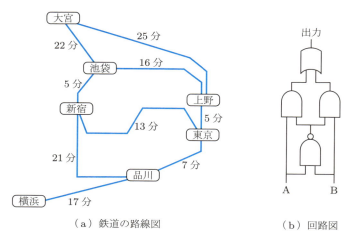

（a）鉄道の路線図　　　　（b）回路図

図 10.1　一般生活におけるグラフ

それでは，このグラフの定義を説明していこう．グラフは，円を用いて表される**頂点**[1]とよばれる集合と，頂点の対を結ぶ線により表される**辺**とよばれる集合で構成される．各頂点と各辺はデータをもつ場合があり，各頂点のデータは頂点の内部に，辺のデータは辺の横に描かれる．図 10.2 (a)，(b) に，図 10.1 に対応するグラフをそれぞれ示す．なお，頂点の横に書かれている記号は，各頂点の名前を表している．

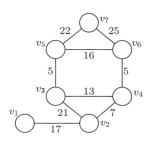
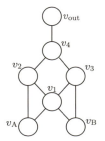

（a）路線図を表すグラフ　　　　　（b）回路図を表すグラフ

図 10.2　グラフ

図 10.2 のように各頂点に名前をつけるとき，2 つの頂点 v_i と v_j の間の辺は (v_i, v_j) と表し，頂点 v_i と頂点 v_j は辺 (v_i, v_j) によって**隣接**するという．頂点 v_i から v_j への辺 (v_i, v_j) と頂点 v_j から v_i への辺 (v_j, v_i) を区別する場合，この辺を有向辺とよび，グラフ全体を有向グラフとよぶが，本書では有向グラフは取り扱わないので，すべてのグラフでは辺には向きがないものと仮定する．

グラフに含まれる 2 つの頂点は，一般に頂点の列により結ばれている．この頂点の列のことを 2 つの頂点間の**経路**とよぶ．たとえば，図 10.2 (a) のグラフにおいて，$(v_1, v_2, v_3, v_5, v_7)$ という頂点の列は，頂点 v_1 と v_7 の間の経路を表している．なお，経路の最初と最後の頂点をそれぞれ**始点**と**終点**とよぶ．この経路の例では，v_1 と v_7 がそれぞれ始点と終点である．

また，グラフの頂点数を n とすると，1 つの頂点は最大 $n-1$ 本の辺に接するので，グラフの辺の数 m について以下の式が成り立つ．

$$m \leq \sum_{i=1}^{n}(i-1) = \frac{n(n-1)}{2}$$

このほか，グラフについてはさまざまな定義や性質が知られているが，説明を簡単にするために本書ではこれだけの説明にとどめておく．グラフに関しては多くの本に詳しく書かれているので，深く勉強したい人は参考文献を参照してほしい．

10.2　グラフを格納するデータ構造

前述のように，グラフは図として表されることが一般的であるが，これは人間が視覚的に理解しやすくするためであり，数学的にはグラフ G は頂点の集合 V と辺の集合

---

[1] 木の "節点" と同じ概念であるが，木の場合と区別するために，本書ではグラフの場合は頂点とよぶことにする．

E のみで $G = (V, E)$ として定義される．たとえば，図 10.2 (a) のグラフ $G = (V, E)$ は，以下のように定義される．

$$V = \{v_1, v_2, v_3, v_4, v_5, v_6, v_7\}$$
$$E = \{(v_1, v_2), (v_2, v_3), (v_2, v_4), (v_3, v_4), (v_3, v_5), (v_4, v_6), (v_5, v_6), (v_5, v_7), (v_6, v_7)\}$$

このように表されるグラフをアルゴリズム中で用いる場合，どのようなデータ構造を用いてグラフのデータを格納すればよいだろうか．もっとも簡単な方法は，頂点の集合と辺の集合のそれぞれに配列を準備し，配列の 1 つの要素として，頂点と辺を格納するという方法である．しかし，この格納方法では，アルゴリズム中で必要な辺をみつける場合には毎回辺の集合を表す配列を探索する必要があり，非常に効率が悪い．

そこで，アルゴリズム中でグラフを格納する方法としては，隣接行列と隣接リストという 2 つのデータ構造が一般的に使われている．以下では，この 2 つのデータ構造を順番に紹介していくが，この 2 つのデータ構造はグラフの種類によって向き不向きがあるので，場合に応じて使い分けていくのがよい．

隣接行列

隣接行列は，2 次元配列を用いてグラフ G の各辺を格納するデータ構造である．図 10.3 (a)，(b) に，図 10.2 のグラフを隣接行列で表した場合の例をそれぞれ示す．隣接行列の作成には，まず，グラフの頂点数が n であるとき，$n \times n$ の 2 次元配列 E を準備する．この 2 次元配列 E に対して，i 番目の頂点から j 番目の頂点への辺が存在する場合，その辺がデータをもっていなければ E[i][j]=1 とし，データ w をもっていれば E[i][j]=w とする．逆に，i 番目の頂点と j 番目の頂点の間に辺がなければ E[i][j]=0 とする．この操作をすべての頂点の組合せに対して行うことにより，グラフを表す隣接行列である 2 次元配列 E が得られる．

–	1	2	3	4	5	6	7
1(v_1)	0	17	0	0	0	0	0
2(v_2)	17	0	21	7	0	0	0
3(v_3)	0	21	0	13	5	0	0
4(v_4)	0	7	13	0	0	5	0
5(v_5)	0	0	5	0	0	16	22
6(v_6)	0	0	0	5	16	0	25
7(v_7)	0	0	0	0	22	25	0

(a) 図 10.2(a) のグラフを表す隣接行列

–	1	2	3	4	5	6	7
1(v_A)	0	0	1	1	0	0	0
2(v_B)	0	0	1	0	1	0	0
3(v_1)	1	1	0	1	1	0	0
4(v_2)	1	0	1	0	0	1	0
5(v_3)	0	1	1	0	0	1	0
6(v_4)	0	0	0	1	1	0	1
7(v_{out})	0	0	0	0	0	1	0

(b) 図 10.2(b) のグラフを表す隣接行列

図 10.3　隣接行列

この隣接行列では，頂点数が n のグラフに対して，$n \times n = O(n^2)$ のサイズの 2 次元配列が必要となる．また，各頂点のすべての辺を調べるという操作には必ず $O(n)$ 時間が必要である．したがって，隣接行列は，グラフに辺が少ない場合は記憶領域や時間計算量の面で後で述べる隣接リストより不利であり，辺が多いグラフを格納する場合に向いているデータ構造である．

隣接リスト　隣接リストは，各頂点に対して，その頂点と辺で結ばれている頂点を第2章で紹介した連結リストを用いて格納するデータ構造である．図 10.4 (a)，(b) に，図 10.2 のグラフの隣接リストの例をそれぞれ示す．隣接リストの作成には，まず，グラフの頂点数が n であるとき，サイズ n の 1 次元配列 V を準備する．この配列の n 個の格納場所は各頂点を表し，それぞれの頂点の連結リストを指し示すポインタとなっている．つぎに，i 番目の頂点について，j 番目の頂点への辺が存在する場合，j 番目の頂点に相当するレコードを作成し，そのレコードを i 番目の頂点に対応する連結リストに追加する．この操作をすべての辺について実行することにより，グラフを表す隣接リストが得られる．

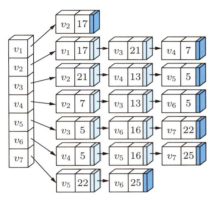
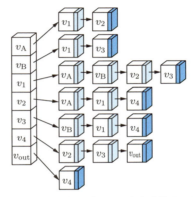

（a）図 10.2(a) のグラフを表す隣接リスト　　（b）図 10.2(b) のグラフを表す隣接リスト

図 10.4　隣接リスト

この隣接リストは連結リストを用いているので，頂点の数が n，辺の数が m のグラフに対して，$O(n+m)$ のサイズの記憶領域しか必要としない．また，各頂点のすべての辺を調べるという操作は，各頂点が隣接する辺の数に比例する時間で実行できる．したがって，辺の数が少ない場合は隣接行列より有利な面が多いデータ構造であるが，2 つの頂点間に辺があるかどうかは $O(1)$ 時間では判定できないという欠点もある．

10.3　グラフの探索

グラフにおける基本的な操作の一つに**探索**がある．グラフの探索とは，始点となる頂点を指定し，何らかの順序で始点からすべての頂点を 1 回ずつ調査する操作である．ただし，新しい頂点の探索は，必ずすでに調査が済んだ頂点に隣接する頂点に対して行われる．たとえば，図 10.2 (a) のグラフにおいて，始点を v_7 とすると，$v_7 \to v_5 \to v_6 \to v_3 \to v_4 \to v_2 \to v_1$ や $v_7 \to v_5 \to v_3 \to v_2 \to v_1 \to v_4 \to v_6$ という順序でグラフを調査することが探索である．

このグラフの探索は，グラフのすべての辺でつながっている頂点の集合（連結成分とよばれる）を求めたり，辺集合の部分集合ですべての頂点を連結する木（全域木とよ

ばれる)を求めたりすることが可能であるなど,数多くの応用があるため,グラフに対して頻繁に用いられる操作である.

このグラフにおける探索はどのような順序で頂点を調査してもよいのだが,コンピュータ上では何らかの定められた順序に従って行うほうが実行しやすい.以下では,グラフの探索において代表的な手法である,幅優先探索と深さ優先探索という 2 つの手法について,考え方と実現方法を順番に説明する.

▎幅優先探索

幅優先探索は,始点となる頂点からの距離の順番に頂点の調査を行うアルゴリズムである.幅優先探索では,まず始点となる頂点を調査し,つぎに始点に隣接する頂点をすべて調査する.その後は,調査した頂点に隣接する頂点を調べるという操作を未調査の頂点がなくなるまで繰り返す.なお,複数の隣接頂点の調査はどのような順番でもよいのだが,ここでは,頂点の名前の番号の小さい順に調査を行うものとする.

このアイデアは,2.3 節で紹介した先入れ先出し(FIFO)の順でデータを出し入れするキューを用いることにより,以下のような操作として具体化することができる.

 ① キュー Q を空にした後に,始点 v_s をキュー Q に加える.
 ② キュー Q が空でない間,以下の操作②-1,②-2,②-3 を実行する.
  ②-1 キュー Q から頂点を取り出す(取り出した頂点を v_k とする).
  ②-2 v_k を調査済みとする.
  ②-3 v_k に隣接する頂点のうち,キュー Q に追加されていない,かつ,調査済みでない頂点をすべてキュー Q に追加する.

例として,図 10.2 (a) のグラフに対して,v_7 を始点として幅優先探索を行う様子を図 10.5 に示す.なお,幅優先探索においては辺のデータは関係がないので削除し,各頂点の中の数字が調査の順番を表している.

この例では,まず図 10.5 (a) に示すように,始点である頂点 v_7 がキュー Q から取り出され調査済みとされる(調査済みの頂点は色付きの頂点として表す).合わせて v_7 の隣接頂点 v_5 と v_6 がキュー Q に追加される.

つぎに,図(b)に示すように,v_5 がキュー Q から取り出されて調査済みとなり,隣接する頂点である v_3 がキュー Q に追加される.同様に,図(c)に示すように,頂点 v_6 がキュー Q から取り出され,調査済みとなり,隣接する頂点として v_4 がキュー Q に追加される.この操作を繰り返すと,図(d)に示すようにすべての頂点が調査済みとなり,幅優先探索の操作が終了する.

この例からわかるように,幅優先探索では,始点に近い頂点から遠い頂点に向かって調査を行っていく.したがって,図 10.5 において辺を太線で示すような始点からすべての頂点への**幅優先探索木**を構成することができ,この木は,始点から各頂点への最小個数の頂点を含む経路を表している.

それでは,この幅優先探索を具体的なアルゴリズムとしてまとめよう.このアルゴリズムでは,各頂点 v_i に対して,キューに追加済みか否かを表す配列 `InQ[i]` と,調査済みか否かを表す配列 `C[i]` を用いている.ここで,`InQ[i]` は,頂点 v_i がキュー

10.3 グラフの探索

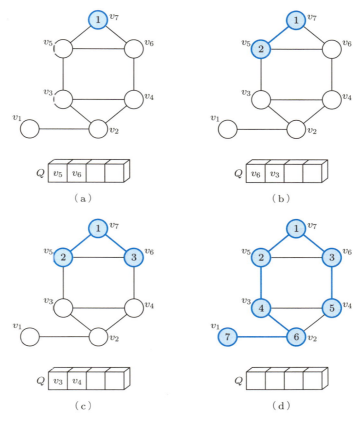

図 10.5 幅優先探索の実行例

に追加されていない，または，追加済みの場合に応じて，それぞれ値が InQ[i]=0 および InQ[i]=1 となる．一方，C[i] は，頂点 v_i が未調査および調査済みの場合に応じて，それぞれ値が C[i]=0 および C[i]=1 となる．

アルゴリズム 10.1 幅優先探索

入力：頂点の集合 V と辺の集合 E および V に含まれる始点 v_s.
　　（各頂点 v_i は v[i] と表す）
for (i=1; i<=n; i=i+1) { InQ[i]=0; C[i]=0; }
キューQを空にする；
enqueue(Q,v[s]);
while (キューQが空でない) {
　v[k]=dequeue(Q);　　//キューQから取り出した頂点をv[k]とする
　C[k]=1;　　　　　　//頂点v[k]を調査済みにする
　v[k]のすべての隣接頂点v[h]について以下を実行する；
　　if ((InQ[h]==0) かつ (C[h]==0)) { enqueue(Q,v[h]); InQ[h]=1; }
}

それでは，このアルゴリズム 10.1 の時間計算量を考えてみよう．まず，アルゴリズムで用いられているキューに対する enqueue と dequeue の操作は，2.3 節で説明した

とおり時間計算量は $O(1)$ である．また，最初の for 文は n 回の繰り返しなので，時間計算量は $O(n)$ である．

つぎに，アルゴリズム中の while 文の実行回数を考えると，この while 文を1回実行することにより，1つの頂点が調査済みになるので，while 文の実行回数は n 回である．

最後に検討が必要な繰り返しは，while 文中の「v[k] のすべての隣接頂点 v[h] について以下を実行する；」という部分である．ここで実行されているのは「1つの頂点に対して隣接する頂点をすべてチェックする」という操作であるが，この操作は 10.2 節で説明したグラフを格納するデータ構造により時間計算量が異なる．グラフが隣接行列で格納されている場合は，隣接する頂点をすべてチェックするのに必要な時間計算量は $O(n)$ である．一方，隣接リストで格納されている場合は，チェックに必要な時間計算量は「その頂点が隣接している頂点数」に比例する．つまり，while 文全体で必要な時間計算量は，隣接行列で表されている場合は $O(n \times n) = O(n^2)$ であり，隣接リストの場合は，$O\left(\sum_{i=1}^{n} 頂点 v_i が隣接する頂点数\right) = O(m)$ である（m はグラフの辺の数を表している）．

したがって，幅優先探索全体の時間計算量は，頂点数を n，辺の数を m とすると，グラフが隣接行列で表されている場合は $O(n+n^2) = O(n^2)$，隣接リストで表されている場合は $O(n+m)$ となる．つまり，幅優先探索を実行する場合は，グラフを隣接リストとして格納しておくほうが効率が良いことがわかる．

深さ優先探索　深さ優先探索は，その名のとおり，始点となる頂点から可能な限りグラフを「深く」探索していくアルゴリズムである．まず，始点となる頂点を調査し，つぎに隣接する頂点の1つを調査する．その後は，隣接する未調査の頂点を繰り返し調査していく．ただし，この繰り返しにおいて，隣接頂点がすべて調査済みの頂点となる場合があるが，この場合でもグラフ全体のすべての頂点について調査が済んでいるとは限らない．そこで，この場合は，隣接頂点の調査が済んでいない頂点まで後戻りすることにより，未調査の頂点をみつけて調査を繰り返していく．

この動作からわかるとおり，第9章で取り上げたバックトラック法は，列挙木に対して深さ優先探索を用いて解の列挙を行っている．このように，調査の途中で目的とする頂点が始点から離れたところに存在する場合は，深さ優先探索を用いるほうが有利になることが多い．

では，上記のアイデアを具体化する方法を考えよう．深さ優先探索は，2.3節で紹介した後入れ先出し (LIFO) の順でデータを出し入れするスタックを用いることにより，以下のような操作として実現できる．

① スタック S を空にした後に，始点 v_s をスタック S に加える．
② スタック S が空でない間，以下の操作②-1，②-2 を実行する．
　②-1　スタック S から頂点を取り出す（取り出した頂点を v_k とする）．
　②-2　v_k が調査済みでなければ，以下の②-2-1 と②-2-2 を実行する．
　　②-2-1　v_k を調査済みとする．

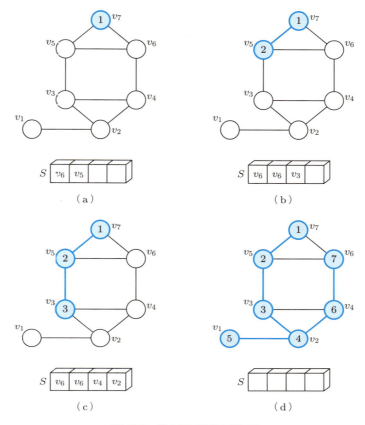

図 10.6　深さ優先探索の実行例

②-2-2　v_k に隣接する頂点のうち，調査済みでない頂点をすべてスタック S に追加する．

深さ優先探索の例として，図 10.2 (a) のグラフに対して，v_7 を始点として深さ優先探索を行う様子を図 10.6 に示す．

この例では，図 10.6 (a) に示すように，最初は始点である頂点 v_7 がスタック S から取り出され調査済みとされ，隣接する頂点 v_5 と v_6 がスタック S に追加される．なお，スタックに追加する順序が幅優先探索の場合と逆であるが，これは，小さい値の頂点が先に取り出されるようにするためである．

つぎに，図 (b) に示すように，v_5 がスタック S から取り出されて調査済みとなり，隣接する頂点である v_3 と v_6 がスタック S に追加される．なお，この例に示すように，未調査の頂点は重複してスタックに追加される場合があることに注意しよう．

さらに，図 (c) に示すように，頂点 v_3 がスタック S から取り出され，調査済みとなり，隣接する頂点として v_2 と v_4 がスタック S に追加される．この操作を繰り返すと，図 (d) に示すような順番ですべての頂点が調査済みとなり，深さ優先探索の操作が終了する．

この深さ優先探索を具体的なアルゴリズムとしてまとめると，以下のアルゴリズム

10.2 となる．このアルゴリズムでも，幅優先探索のときと同様に，各頂点 v_i に対して頂点が調査済みか否かを表す配列 C[i] を用いている．

アルゴリズム 10.2　深さ優先探索

入力： 頂点の集合 V と辺の集合 E および V に含まれる始点 v_s．
　　　（各頂点 v_i は v[i] と表す）
```
for (i=1; i<=n; i=i+1) { C[i]=0; }
スタックSを空にする；
push(S,v[s]);
while (スタックSが空でない)  {
  v[k]=pop(S);      //スタックSから取り出した頂点をv[k]とする
  if (C[k]==0) {
    C[k]=1;         //頂点v[k]を調査済みにする
    v[k]のすべての隣接頂点v[h]について以下を実行する；
      if (C[h]==0) { push(S,v[h]); }
  }
}
```

アルゴリズム 10.2 の時間計算量は，幅優先探索のアルゴリズム 10.1 と同様の理由で，頂点数を n と辺数を m とすると，グラフが隣接行列で表される場合は $O(n^2)$，隣接リストで表されている場合は $O(n+m)$ となる．

なお，深さ優先探索は，その性質から再帰アルゴリズムとしての実現も容易である．再帰アルゴリズムの作成を章末の演習問題としているので，どのようなアルゴリズムになるのかを考えてほしい．

10.4　最短経路問題

最短経路問題とは　グラフを対象とした問題は非常に多いが，最後にその一例として，最短経路問題を紹介しよう．**最短経路問題**は，入力として辺に正の実数のデータ（重み）のついたグラフとグラフ中の 2 つの頂点が始点と終点として与えられ，これに対して，始点から終点までの経路の中から，経路に含まれる辺に与えられた重みの和が最小になるような経路を求める問題である．たとえば，図 10.1 (a) の鉄道の路線図を抽象化したグラフである図 10.2 (a) が入力として与えられ，頂点 v_1 と v_7 がそれぞれ始点と終点として指定された場合を考えよう．このとき，始点から終点への経路は何種類か考えられるが，辺に与えられた重みの和が最小となる経路は，この場合は，$(v_1, v_2, v_4, v_6, v_7)$ という経路で，経路の長さ（経路に含まれる辺の重みの和）は 54 である．

この最短経路問題は，例からわかるように，図 10.7 のような Web などで提供される鉄道の乗換案内システムや，カーナビなどの道路案内システムにおいて頻繁に用いられている実用的な問題である．

この最短経路問題について，どのようなアルゴリズムが考えられるだろうか．一番単純なアルゴリズムは，始点から終点までの考えられる経路をすべて列挙し，一つひ

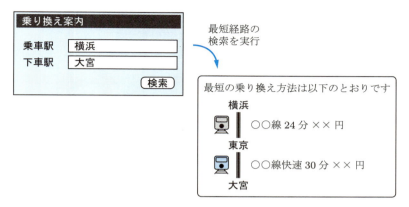

図 10.7　最短経路問題の実用例

とつの経路について経路の長さを計算することにより，重みの和が最小の経路を求めるという方法だろう．しかし，始点から終点までの経路は，頂点数を n とすると最悪の場合は $O(n!)$ 個存在することが簡単にわかるので，この単純なアルゴリズムの最悪時間計算量は $O(n!)$ となる．この時間計算量は，n が大きくなると非常に時間がかかるので，別の効率の良いアルゴリズムが必要である．

ダイクストラ法　それでは，この問題を効率良く解く代表的なアルゴリズムである**ダイクストラ法**について説明していこう．このダイクストラ法は，第 8 章で説明したグリーディ法に基づくアルゴリズムであるが，始点から終点までの正確な最短経路を求めることができるだけでなく，始点からその他のすべての頂点への最短経路を一度に求めることができる．

ダイクストラ法の基本的なアイデアは以下のとおりである．このアルゴリズムでは，グリーディ法に基づき，始点から近い頂点を順番に選んでいき，その選んだ頂点に隣接する頂点の距離を再計算するという操作を繰り返す．この操作をすべての頂点が選ばれるまで繰り返すことにより，始点からの最短経路が求められる．

もう少しアルゴリズムの動作を詳細に説明していこう．はじめに，各頂点 v_i について，始点からの距離を格納する変数 d_i を定義する．この変数 d_i は始点は 0，始点以外はすべて無限大に初期化され，アルゴリズムの実行中で適宜変更されることにより，アルゴリズム終了時には始点からの最短経路の長さを格納する．つぎに，選んだ頂点を表す集合として集合 S を準備する．この S はグリーディ法に基づき選んだ頂点を保存する集合で，アルゴリズム実行前は空集合として初期化される．また，2 つの頂点 v_i と v_j の間の辺の重みは $e(v_i, v_j)$ で表されるものとする．

ダイクストラ法のアルゴリズムでは，前述のアイデアに基づき以下の操作が繰り返し実行される．

① 集合 S に含まれない頂点のうち，始点からの距離を表す変数 d_i の値がもっとも小さい頂点 v_k を選ぶ．

② 頂点 v_k を S に加える．

③ 頂点 v_k に隣接する頂点のうち S に含まれないすべての頂点について，始点から距離を格納する変数 d_i を再計算する．

この操作の中で，少しわかりにくいのは③であるので，この部分についてもう少し詳しく説明する．

選ばれた頂点 v_k に対して，その頂点に接し，S に含まれない頂点が v_j であるとする．図 10.8 にその状況を示す．

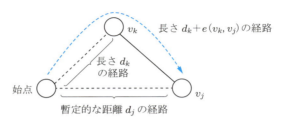

図 10.8　変数 d_j の再計算

前に述べたように，始点から頂点 v_j までの暫定的な距離は，変数 d_j に格納されている．このとき，再計算とは，"暫定的な距離 d_j と頂点 v_k を経由して頂点 v_j に到達する場合の距離 $d_k + e(v_k, v_j)$ を比較し，小さいほうの値を d_j に格納する"という処理である．つまり，この再計算の処理は，以下の式で表される．

$$d_j = \min\{d_j, d_k + e(v_k, v_j)\}$$

ダイクストラ法の動作例　　以上が，アルゴリズムの概要であるが，これだけではわかりにくいので，この概要に基づいたアルゴリズムの動作例を説明しよう．

図 10.2 (a)のグラフを入力とし，始点は頂点 v_1 とする．このとき，アルゴリズム実行前の集合 S と各頂点 v_i の変数 $d_1 \sim d_7$ は以下のとおりである．

初期値： $S = \phi$,

d_1	d_2	d_3	d_4	d_5	d_6	d_7
0	∞	∞	∞	∞	∞	∞

それでは，アルゴリズムの実行を考えていく．前述の操作①，②，③の最初の実行を考える．このとき，①の実行により，S に含まれず d_i がもっとも小さい頂点は始点となっている頂点 v_1 であることがわかり，②により v_1 は S に加えられる．また，v_1 に接する頂点は v_2 のみなので，③においてさきの式により計算を行うと，$d_2 = \min\{\infty, 0 + 17\} = 17$ であるため，①，②，③の実行により集合 S と変数 $d_1 \sim d_7$ は以下のようになる．

1回目： $S = \{v_1\}$,

d_1	d_2	d_3	d_4	d_5	d_6	d_7
0	17	∞	∞	∞	∞	∞

つぎに，前述の操作①，②，③を繰り返すと，①により選択される頂点は v_2 であり，②により S に v_2 を加えた後に，③において v_2 に接する頂点について再計算が行われる．v_2 に接して S に含まれない頂点は v_3，v_4 なので，それぞれについて再計算を行うと，$d_3 = \min\{\infty, 17 + 21\} = 38$，$d_4 = \min\{\infty, 17 + 7\} = 24$ であり，集合 S と変数 $d_1 \sim d_7$ は以下のようになる．

2回目: $S = \{v_1, v_2\}$,

d_1	d_2	d_3	d_4	d_5	d_6	d_7
0	17	38	24	∞	∞	∞

以降の操作の繰り返しに関する説明は省略するが，前述の操作①，②，③をすべての頂点が S に含まれるまで繰り返した場合の集合 S と変数 $d_1 \sim d_7$ は以下のようになり，繰り返し終了時には，変数 $d_1 \sim d_7$ に始点から各頂点への最短経路の長さが格納されている．

3回目: $S = \{v_1, v_2, v_4\}$,

d_1	d_2	d_3	d_4	d_5	d_6	d_7
0	17	37	24	∞	29	∞

4回目: $S = \{v_1, v_2, v_4, v_6\}$,

d_1	d_2	d_3	d_4	d_5	d_6	d_7
0	17	37	24	45	29	54

5回目: $S = \{v_1, v_2, v_3, v_4, v_6\}$,

d_1	d_2	d_3	d_4	d_5	d_6	d_7
0	17	37	24	42	29	54

6回目: $S = \{v_1, v_2, v_3, v_4, v_5, v_6\}$,

d_1	d_2	d_3	d_4	d_5	d_6	d_7
0	17	37	24	42	29	54

7回目: $S = \{v_1, v_2, v_3, v_4, v_5, v_6, v_7\}$,

d_1	d_2	d_3	d_4	d_5	d_6	d_7
0	17	37	24	42	29	54

また，各繰り返しにおけるグラフの様子を図10.9に示す．図(a)～(i)は繰り返しの初期値から7回目までのグラフを表している．また，各頂点内の数字は d_i の値を表しており，S に含まれる頂点は色付きの円となっている．また，各頂点が S に含まれる場合に，その距離 d_i の計算のもとになった辺を太い線で表している．この太い線はアルゴリズム終了時の図(i)では，各頂点に対する始点への最短経路の辺を表している．

ダイクストラ法の実現

以下に，このダイクストラ法のアルゴリズムをまとめる．ただし，詳しく記述すると煩雑になるので，概要のみの記述にとどめておく．また，始点から各頂点 v_i までの距離 d_i は配列 D[i] に格納するものとする．

アルゴリズム 10.3　ダイクストラ法

入力：頂点の集合 V と辺の集合 E，および V に含まれる始点 v_s．
　　　（各頂点 v_i は v[i] と表し，辺 (v_i, v_j) の重みは e[i][j] で表す．）
```
for (i=1; i<=n; i=i+1) { D[i]=∞; }
S=φ; s=1; D[s]=0;
for (i=1; i<=n; i=i+1) {
  Sに含まれない頂点の中から，配列Dの値が最小の頂点v[k]を求める；
  頂点v[k]をSに追加する；
  for (j=1; j<=n; j=j+1) {
    if ((v[j]がv[k]に隣接する) かつ (v[j]がSに含まれない))
      { D[j]=min(D[j], D[k]+e[k][j]); }
  }
}
```

最後に，頂点数が n，辺の数が m であるグラフに対するアルゴリズム10.3の時間計算量について考える．このアルゴリズム10.3は詳細を記述していないので，時間計

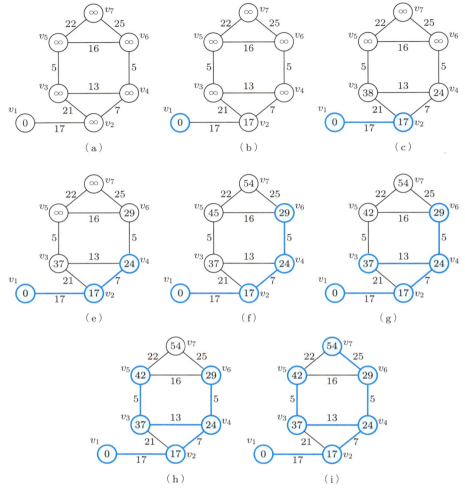

図 10.9 ダイクストラ法の実行例

算量を厳密に考えることは困難であるが，アルゴリズム中に二重の for 文が存在するので，時間計算量は少なくとも $O(n^2)$ であることがわかる．また，外側の for 文の中で実行される，"S に含まれない頂点の中から，配列 D の値が最小の頂点 v[k] を求める；" という行も，単純な方法ではすべての頂点について集合 S と配列 D をチェックする必要があるので，$O(n)$ の時間計算量が必要である．これらのことからわかるとおり，アルゴリズム全体の時間計算量は $O(n^2)$ であることが知られている．

また，第 5 章で説明したヒープを用いて集合 S に含まれる頂点の管理を行ったり，内側の for 文を削除して連結リストを用いて辺のチェックを行うなどの修正を加えることにより，アルゴリズムの時間計算量を $O(m \log n)$ にできることが知られている．ただし，辺の数 m の最大値は本章の最初で述べたように $\dfrac{n(n-1)}{2}$ なので，辺の数が多い場合はアルゴリズムの時間計算量は $O(m \log n) = O(n^2 \log n)$ となり，この修正

されたアルゴリズムは辺の数が少ないときのみ時間計算量が改善されるアルゴリズムであることがわかる．

なお，このダイクストラ法の説明では，簡単に理解できるように最短経路の長さのみを求め，実際の最短経路を求める部分については省略している．しかし，図 10.9 からもわかるように，このアルゴリズムを少し修正するだけで，簡単に最短経路自体も求めることができる．また，このダイクストラ法はグリーディ法のアイデアを使っているが，どのようなグラフについても正確に最短経路が求められることが理論的に証明されている．

第 10 章のポイント

1. **グラフ**とは，データの関係を視覚的に表す抽象概念であり，**頂点**および**辺**の集合で構成される．また，グラフに含まれる 2 つの頂点は，一般に頂点の列により結ばれており，この頂点の列のことを頂点間の**経路**とよぶ．

2. アルゴリズム中でグラフを格納する方法としては，隣接行列と隣接リストという 2 つのデータ構造が一般的に使われている．**隣接行列**は 2 次元配列を用いて各辺の情報を格納するデータ構造であり，辺が多いグラフを格納する場合に向いている．**隣接リスト**は，各頂点に対して，その頂点に隣接する頂点の情報を連結リストを用いて格納するデータ構造であり，辺の数が少ないグラフを格納する場合に向いている．

3. **グラフの探索**とは，始点となる頂点を指定し，始点からすべての頂点を 1 回ずつ調査する操作である．このグラフの探索については，**幅優先探索**と**深さ優先探索**という 2 つの方法が知られており，頂点数が n，辺の数が m の場合，どちらの探索方法も，グラフが隣接行列で表される場合は $O(n^2)$，隣接リストで表される場合は $O(n+m)$ という時間計算量で実行できる．

4. **最短経路問題**とは，与えられたグラフとグラフ中の 2 つの頂点間の最短の経路を求める問題である．この最短経路問題に対しては，**ダイクストラ法**という効率の良いアルゴリズムが知られており，このアルゴリズムを用いることにより，n 頂点のグラフに対して $O(n^2)$ 時間で最短経路を求めることができる．

演習問題

10.1 以下の文章の①～⑤について，それぞれ正しい記号を下から選べ．正しい記号が複数存在する場合はすべて列挙せよ．

情報科学の分野で用いられるグラフは（ ① ）であり，日常では（ ② ）などとして用いられている．また，このグラフは，（ ③ ）．

グラフを格納するための代表的なデータ構造としては，隣接行列と隣接リストがあるが，辺が少ないグラフを格納する場合は，記憶領域の面では（ ④ ）である．また，2 つの頂点間に辺があるかないかを頻繁に調べる場合は，（ ⑤ ）である．

① : a. $y = x^2$ などの関数の値を 2 次元平面上にプロットしたもの
　　b. データの関係を視覚的に表す抽象概念
　　c. 全順序関係をもつデータを特定の順序で記憶するためのデータ構造
　　d. $O(1)$ 時間で探索を実行するためのデータ構造
② : a. 電車の時刻表　　　　　　　　　b. データ分布を表す円グラフ
　　c. 高速道路の路線図　　　　　　　d. ネットワークの配線図
③ : a. 頂点の集合と 2 つの頂点を結ぶ辺の集合で構成される
　　b. 2 頂点間に必ず辺が存在する　　c. 必ず根とよばれる頂点がある
　　d. 辺の数が m の場合，頂点数は $m(m-1)/2$ 以下である
④ : a. 隣接行列のほうが有利　　　　　b. 隣接リストのほうが有利
　　c. 隣接行列でも隣接リストでも同じ　d. 隣接行列や隣接リストでは不十分
⑤ : a. 隣接行列のほうが有利　　　　　b. 隣接リストのほうが有利
　　c. 隣接行列でも隣接リストでも同じ　d. 隣接行列や隣接リストでは不十分

10.2 深さ優先探索のアルゴリズムを，再帰アルゴリズムとして記述せよ．

10.3 図 10.2 (a) のグラフに対して，始点を v_3 として幅優先探索と，深さ優先探索を実行せよ．なお，図 10.5 (d)，および，図 10.6 (d) 同様の図を示すこと．

10.4 図 10.10 のグラフに対する以下の問いに答えよ．
(1) このグラフを表す隣接行列を示せ．
(2) このグラフを表す隣接リストを示せ．
(3) このグラフに対してダイクストラ法を適用し，頂点 v_1 からその他の頂点への最短経路の長さを求めよ．

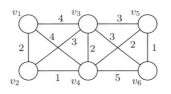

図 10.10

10.5 ダイクストラ法は辺の重みが負である場合は正常に動作しない場合がある．ダイクストラ法が正常に動作しないような，負の重みをもつ辺が存在するグラフの例を示せ．

第11章

多項式と行列

keywords

多項式，行列，ホーナーの方法，行列積，行列の連続積，ストラッセンの行列積アルゴリズム

本章で述べる多項式や行列に関する演算は，コンピュータシミュレーションなどの数値計算で頻繁に用いられる処理である．したがって，これらの演算を高速に実行できるかどうかは，計算処理全体の速度に多大な影響を及ぼす．本章では，まず，多項式の計算を高速に行うホーナーの方法を紹介する．また後半では，行列の積を求める効率的なアルゴリズムとして，動的計画法を用いて行列の連続積の手間を減らす方法や，分割統治法を用いて行列積の計算を行うアルゴリズムを紹介する．

11.1 多項式の計算

本章で最初に取り扱う問題は，以下の式で定義される x に関する n 次の多項式 $p(x)$ の計算である．

$$p(x) = a_n x^n + a_{n-1} x^{n-1} + \cdots + a_1 x + a_0$$

このような多項式は，科学技術計算におけるシミュレーションモデルとしてよく使われており，与えられた x に対して，その値 $p(x)$ を高速に計算することは非常に重要である．ここでは，与えられた x に対して多項式の値を計算するいくつかのアルゴリズムを紹介しよう．

まず，この多項式の値を計算するアルゴリズムとしてもっとも単純なアルゴリズムは，以下に示すような多項式の各項（$0 \leq i \leq n$ に対する $a_i x^i$）を計算し，その結果をそれまでに計算した和に加えるという方法である．なお，このアルゴリズムでは，係数 $a_0, a_1, \ldots, a_n$ は，それぞれ配列 `A[0]`, `A[1]`, ..., `A[n]` に格納されているものとする．

アルゴリズム 11.1　多項式の計算を行う基本的なアルゴリズム

```
入力：多項式の係数を表す A[0], A[1], ..., A[n], および値 x
sum=A[0];
for (i=1; i<=n; i=i+1) {
  xp=1;
  for (j=1; j<=i; j=j+1) { xp=xp*x; }
  sum=sum+A[i]*xp;
}
sum を出力;
```

このアルゴリズムは n 回繰り返される外側の for 文と，繰り返し回数が外側の for 文の i に依存する内側の for 文で構成されている．よって，このアルゴリズムの時間計算量は，以下の式で表されるように $O(n^2)$ である．

$$\sum_{i=1}^{n} i \times O(1) = O(1) \times \frac{n(n+1)}{2} = O(n^2)$$

動的計画法による多項式の計算　それでは，この多項式の計算を効率良く行う方法を紹介していこう．はじめに，動的計画法を用いて前述のアルゴリズム 11.1 を少しだけ修正するアルゴリズムを説明する．前述のアルゴリズム 11.1 では，外側の for 文の各 i の値に対して，毎回 x^i の値を内側の for 文で計算している．しかし，x^i は $x^i = x^{i-1} \times x$ と表すことができることに着目すると，動的計画法の考え方に基づき，$i-1$ に対して，x^{i-1} の値を記録しておけば，上記の計算によって 1 回の掛け算で x^i を計算することができる．このアイデアに基づいたアルゴリズムを以下に示す．

アルゴリズム 11.2　多項式の計算を行う動的計画法を用いたアルゴリズム

入力：多項式の係数を表す A[0], A[1], ..., A[n], および値 x
```
sum=A[0];
xp=1;
for (i=1; i<=n; i=i+1) {
  xp=xp*x;
  sum=sum+A[i]*xp;
}
sum を出力;
```

このアルゴリズム 11.2 の時間計算量は，n 回の繰り返しをもつ for 文が 1 つだけであるので $O(n)$ であり，前述の単純なアルゴリズムより大幅に高速化されている．

ホーナーの方法　動的計画法のアイデアを用いたアルゴリズム 11.2 より，もっと高速に多項式の値を求める方法はないだろうか．答えは yes でもあり，no でもある．no という意味は，漸近的な時間計算量を考えると，多項式の計算では $n+1$ 個の係数を使って値を計算するので，$O(n)$ より小さい時間計算量をもつアルゴリズムはこの世には存在しないということである．しかし，実際の実行時間を考える場合は，前述のアルゴリズムよりも高速に実行できるアルゴリズムが存在するので，yes であるともいえる．

より高速なアルゴリズムを考えるために，まず前述のアルゴリズム 11.2 を詳細にみてみよう．このアルゴリズムは，for 文の中で，2 回の掛け算と 1 回の足し算を実行している．for 文の繰り返し回数は n 回なので，アルゴリズム全体では $2n$ 回の掛け算と n 回の足し算を実行していることになる．

これに対して，n 回の掛け算と n 回の足し算で多項式の値を求めるアルゴリズムが，**ホーナーの方法**とよばれるアルゴリズムである．ホーナーの方法のアイデアは，入力の多項式 $p(x)$ が以下のように分解できるという性質に基づいている．

$$p(x) = (\cdots((a_n x + a_{n-1})x + a_{n-2})x + \cdots + a_1)x + a_0$$

たとえば，多項式として $3x^3+2x^2-x+5$ を考えよう．この多項式が $((3x+2)x-1)x+5$ と分解することができることに着目すると，つぎの順番で計算することにより，多項式の値を求めることができる．

① $3x+2$ を計算する．
② ①の結果に x を掛けて -1 を足す．
③ ②の結果に x を掛けて 5 を足す．

つまり，ホーナーの方法は，前述の式のもっとも内側の括弧の中から順番に式を計算していくことにより，多項式の値を求めるというアルゴリズムである．このホーナーの方法のアルゴリズムを以下に示す．

アルゴリズム 11.3　ホーナーの方法

入力：多項式の係数を表す A[0], A[1], ..., A[n]，および値 x
```
sum=A[n];
for (i=n-1; i>=0; i=i-1) {
  sum=sum*x+A[i];
}
```
sum を出力；

このアルゴリズム 11.3 をみてみると，n 回の繰り返しである for 文の中には，1 つの掛け算と 1 つの足し算しか含まれていないので，アルゴリズム全体では n 回の掛け算と n 回の足し算が実行されることになる．よって，アルゴリズム 11.2 と比較すると，掛け算の実行回数が n 回分減少している．実際のコンピュータ上でアルゴリズム 11.2 とアルゴリズム 11.3 の実行時間を比較すると，$n = 10{,}000{,}000$ の場合で，アルゴリズム 11.3 のほうが 25%程度高速に動作する．この差は多項式の値を一度だけ求める場合はそれほど大きくはないが，シミュレーションなどで繰り返し多項式の値を求める場合は，かなり大きく影響を及ぼすことになる．

11.2 基本的な行列積アルゴリズム

つぎに，行列積に関するいくつかのアルゴリズムについて紹介する．行列積という演算もシミュレーションなどの科学技術計算で多用される演算であり，高速化の重要性が高い処理の 1 つである．以下では，簡単のために行列はすべて 2 次元行列としておく．

まず，2 つの行列の積を求める基本的なアルゴリズムを説明しよう．A, B をそれぞれ $p \times q$ と $q \times r$ の 2 次元行列であるとし，A, B の i 行 j 列の要素をそれぞれ a_{ij}, b_{ij} と表すものとする．以下に 2×3 行列 A と 3×2 行列 B の例を示す．

$$A = \begin{pmatrix} a_{11} & a_{12} & a_{13} \\ a_{21} & a_{22} & a_{23} \end{pmatrix} = \begin{pmatrix} 5 & 9 & 2 \\ -1 & 7 & 5 \end{pmatrix}, \quad B = \begin{pmatrix} b_{11} & b_{12} \\ b_{21} & b_{22} \\ b_{31} & b_{32} \end{pmatrix} = \begin{pmatrix} -3 & 2 \\ 5 & 8 \\ -6 & -3 \end{pmatrix}$$

この $p \times q$ 行列 A と $q \times r$ 行列 B に対して，行列積 $C = AB$ は行列の i 行 j 列目の要素 c_{ij} が以下の式で定義される $p \times r$ 行列である．

$$c_{ij} = \sum_{k=1}^{q} a_{ik}b_{kj}$$

以下に前述の 2×3 行列 A と 3×2 行列 B の行列積 $C=AB$ の計算過程を示す.

$$\begin{aligned}
C &= \begin{pmatrix} c_{11} & c_{12} \\ c_{21} & c_{22} \end{pmatrix} \\
&= \begin{pmatrix} a_{11}b_{11}+a_{12}b_{21}+a_{13}b_{31} & a_{11}b_{12}+a_{12}b_{22}+a_{13}b_{32} \\ a_{21}b_{11}+a_{22}b_{21}+a_{23}b_{31} & a_{21}b_{12}+a_{22}b_{22}+a_{23}b_{32} \end{pmatrix} \\
&= \begin{pmatrix} 5\times(-3)+9\times 5+2\times(-6) & 5\times 2+9\times 8+2\times(-3) \\ (-1)\times(-3)+7\times 5+5\times(-6) & (-1)\times 2+7\times 8+5\times(-3) \end{pmatrix} \\
&= \begin{pmatrix} 18 & 76 \\ 8 & 39 \end{pmatrix}
\end{aligned}$$

このように,定義式に基づいて計算を行うことで行列積の計算を行うことができる.以下にこの定義式に基づいた基本的な行列積のアルゴリズムを示す.なお,このアルゴリズム中では,行列 A, B, C はそれぞれ 2 次元配列 A, B, C で表され,行列の要素 a_{ij}, b_{ij}, c_{ij} はそれぞれ A[i][j], B[i][j], C[i][j] で表されるものとする.

アルゴリズム 11.4　行列積を求める基本的なアルゴリズム

入力:$p\times q$ の 2 次元行列 A と $q\times r$ の 2 次元行列 B を表す 2 次元配列 A, B
```
for (i=1; i<=p; i=i+1) {
  for (j=1; j<=r; j=j+1) {
    C[i][j]=0;
    for (k=1; k<=q; k=k+1) { C[i][j]=C[i][j]+A[i][k]*B[k][j]; }
  }
}
```

このアルゴリズム 11.4 の時間計算量を考えてみよう.このアルゴリズムは三重の for 文により構成されており,for 文の繰り返し回数は外からそれぞれ p, r, q である.したがって,もっとも内側の for 文中の計算の実行回数は pqr であり,アルゴリズム全体の時間計算量は $O(pqr)$ となる.また,p, q, r がすべて等しいとき,つまり,入力の行列が両方とも $n\times n$ 行列である場合,時間計算量は $O(n^3)$ である.

11.3　行列の連続積

行列の連続積とは　行列積を効率良く求めるアルゴリズムとして,動的計画法を用いて**行列の連続積**を求めるアルゴリズムを紹介する.**行列の連続積**とは,3 つ以上の行列を掛け合わせる場合の行列積の計算である.この行列積については,結合則が成り立つので,どのような順番で連続する行列の掛け算を行ってもよい.たとえば,4 つの行列 A_1, A_2, A_3, A_4 の連続積 $A_1A_2A_3A_4$ を求める場合は,以下のような 5 通りの積の計算順序があるが,どの順番で計算を行っても同じ結果が得られる.

$$((A_1A_2)A_3)A_4, \quad (A_1A_2)(A_3A_4), \quad (A_1(A_2A_3))A_4,$$
$$A_1((A_2A_3))A_4, \quad A_1(A_2(A_3A_4))$$

しかし，結果は同じでも，積の計算順序によりアルゴリズムの実行時間には大きな違いがでてくる．例として，行列 A_1, A_2, A_3, A_4 をそれぞれ以下に示すような2次元行列であるとする．

$A_1 : 20 \times 2$ 行列，$A_2 : 2 \times 30$ 行列，$A_3 : 30 \times 5$ 行列，$A_4 : 5 \times 25$ 行列

このとき，アルゴリズム 11.4 によって $p \times q$ 行列と $q \times r$ 行列の積の計算に pqr だけ時間がかかるとすると，各計算順序で計算する場合の連続積の計算時間は以下のようになる．

$$((A_1A_2)A_3)A_4 : \underbrace{20 \times 2 \times 30}_{A_1A_2} + \underbrace{20 \times 30 \times 5}_{(A_1A_2)A_3} + \underbrace{20 \times 5 \times 25}_{(A_1A_2A_3)A_4} = 6700$$

$$(A_1A_2)(A_3A_4) : \underbrace{20 \times 2 \times 30}_{A_1A_2} + \underbrace{30 \times 5 \times 25}_{A_3A_4} + \underbrace{20 \times 30 \times 25}_{(A_1A_2)(A_3A_4)} = 19950$$

$$(A_1(A_2A_3))A_4 : \underbrace{2 \times 30 \times 5}_{A_2A_3} + \underbrace{20 \times 2 \times 5}_{A_1(A_2A_3)} + \underbrace{20 \times 5 \times 25}_{(A_1A_2A_3)A_4} = 3000$$

$$A_1((A_2A_3)A_4) : \underbrace{2 \times 30 \times 5}_{A_2A_3} + \underbrace{2 \times 5 \times 25}_{(A_2A_3)A_4} + \underbrace{20 \times 2 \times 25}_{A_1(A_2A_3A_4)} = 1550$$

$$A_1(A_2(A_3A_4)) : \underbrace{30 \times 5 \times 25}_{A_3A_4} + \underbrace{2 \times 30 \times 25}_{A_2(A_3A_4)} + \underbrace{20 \times 2 \times 25}_{A_1(A_2A_3A_4)} = 6250$$

このように，行列の連続積は，その積の計算順序によって計算時間が非常に大きく変化する．したがって，連続積の計算を行う前に，もっとも計算時間が短くなる積の計算順序を求められれば，計算時間を大幅に短縮できる．

この問題を一般的に考えるために，行列の連続積を求める問題を以下のように定義する．

［問題 11.1］ 行列の連続積

n 個の行列 $A_1, A_2, \ldots, A_n$ が与えられ，各行列 A_i は $r_i \times c_i$ 行列であるとする．また，$1 \leq i \leq n-1$ の範囲で $c_i = r_{i+1}$ が成り立つものとする．このとき，この行列の連続積 $A_1A_2 \cdots A_n$ を求める場合に，もっとも計算時間が短くなる積の計算順序を求めよ．

一見，この問題は，前述の例のようにすべての積の計算順序に対して計算時間を求めて，もっとも計算時間が短くなる計算順序を求めればよいようにみえる．しかし，この問題に対する計算順序の個数については，以下の性質が知られており，このアイデアに基づくアルゴリズムは時間計算量が n に関する指数となるので，n が大きい場合はこのアイデアで計算することは困難である．

●性質 11.1

n 個の行列を入力とする行列の連続積において，積の計算順序の個数は $\dfrac{4^n}{\sqrt{\pi}n^{\frac{3}{2}}}$ より多い．

分割統治法によるアルゴリズム

つぎに，分割統治法を用いて行列の連続積を解くアルゴリズムを考えてみよう．まず，行列 A_i から行列 A_j までの行列 $A_i, A_{i+1}, \ldots, A_j$ に対して，連続積を計算するもっとも小さい計算時間を $m(i,j)$ とおく．この場合，行列の連続積を解くということは，$m(1,n)$ を求めるということと等しくなる．

それでは，$m(i,j)$ の求め方を考えてみよう．行列 A_i から行列 A_j までの連続積を求めるためには，どのような積の計算順序であるにしろ，最後に，

$$(A_i A_{i+1} \cdots A_k) \times (A_{k+1} A_{k+2} \cdots A_j)$$

というように2つの連続積 $A_i A_{i+1} \cdots A_k$ と $A_{k+1} A_{k+2} \cdots A_j$ が掛け合わされる形となる．このとき，上記のような掛け合わせの形では，$m(i,j)$ に関して以下の式が成り立つ．

$$m(i,j) = \underbrace{m(i,k)}_{A_i A_{i+1} \cdots A_k \text{の計算}} + \underbrace{m(k+1,j)}_{A_{k+1} A_{k+2} \cdots A_j \text{の計算}} + \underbrace{r_i c_k c_j}_{\text{アルゴリズム 11.4 による行列積計算}}$$

また，最後の行列積の種類を表す上記の式における k の値は，$i \leq k \leq j-1$ である．したがって，行列 A_i から行列 A_j まで連続積を計算するもっとも小さい計算時間を表す $m(i,j)$ は，以下のように再帰的に定義できる．

$$m(i,j) = \begin{cases} \min_{i \leq k \leq j-1}\{m(i,k) + m(k+1,j) + r_i c_k c_j\} & (i < j \text{ の場合}) \\ 0 & (i = j \text{ の場合}) \end{cases}$$

この式から，$m(1,n)$ を求める以下のような再帰的なアルゴリズムを得ることができる．なお，このアルゴリズム中では，行列 A_i の行数と列数を表す r_i, c_i はそれぞれ配列の要素 R[i] と C[i] で表されるものとする．

アルゴリズム 11.5
行列の連続積を求める分割統治法を用いたアルゴリズム

入力：入力行列の行数と列数を表す配列 R と C

```
Matrix_Chain(i,j) {
  if (i==j) return 0;
  else {
    min=+∞;
    for (k=i; k<=j-1; k=k+1) {
      m=Matrix_Chain(i,k)+Matrix_Chain(k+1,j)+R[i]*C[k]*C[j];
      if (m<min) min=m;
    }
  }
  return min;
}
//Matrix_Chain(1,n)と指定して実行する．
```

11.3 行列の連続積

このように書くと，このアルゴリズムで行列の連続積が効率良く求められるようにみえるが，実はこのアルゴリズムの時間計算量は，すべての積の計算順序を考える場合と同じように n に関する指数となるので，実用的ではないいえないアルゴリズムである（時間計算量の求め方については複雑になるので説明を省略する．興味のある人は巻末の「さらなる勉強のために」で紹介する書籍をあたってみてほしい）．

動的計画法によるアルゴリズム

それでは，アルゴリズム 11.5 の改良版となる動的計画法を用いたアルゴリズムについて説明していこう．まず，前述の分割統治法に基づくアルゴリズム 11.5 でなぜ時間計算量が大きくなるのかを考えると，アルゴリズム 11.5 の再帰的な実行において，各 $m(i,j)$ に対して何度も再計算を行っていることがわかる．

そこで，以下のようなアイデアを用いる．まず，動的計画法の，"一度解を求めた部分問題についてはその解を記録しておき，同じ部分問題がでてきたときにはその記録しておいた解を再利用する"という方針に基づき，一度計算を行った $m(i,j)$ の値については配列に記録し再利用するものとする．また，$m(i,j)$ の値を再帰的に計算するのではなく，i と j の間隔が小さいものから計算していく．

このアイデアを用いて 131 ページの 4 つの行列 A_1, A_2, A_3, A_4 に対して連続積の値 $m(1,4)$ を求める例を以下に示す．まず，i と j の間隔が 0 の $m(1,1), m(2,2), m(3,3), m(4,4)$ について計算するが，これらの値はすべて 0 である．これらの値を図 11.1 (a) のように，それぞれ配列 M の M[1][1], M[2][2], M[3][3], M[4][4] に記録する．

−	1	2	3	4
1	0			
2	−	0		
3	−	−	0	
4	−	−	−	0

(a)

−	1	2	3	4
1	0	1200		
2	−	0	300	
3	−	−	0	3750
4	−	−	−	0

(b)

−	1	2	3	4
1	0	1200	500	
2	−	0	300	550
3	−	−	0	3750
4	−	−	−	0

(c)

−	1	2	3	4
1	0	1200	500	1550
2	−	0	300	550
3	−	−	0	3750
4	−	−	−	0

(d)

図 11.1　連続積を求めるアルゴリズムにより計算される配列 M

つぎに，i と j の間隔が 1 の値 $m(1,2), m(2,3), m(3,4)$ を計算する．このとき，ここで，$m(1,1), m(2,2), m(3,3), m(4,4)$ は計算済みなので，それぞれの値は再帰的な定義式により以下のように計算できる．

$$m(1,2) = m(1,1) + m(2,2) + r_1c_1c_2 = 0 + 0 + 20 \times 2 \times 30 = 1200$$
$$m(2,3) = m(2,2) + m(3,3) + r_2c_2c_3 = 0 + 0 + 2 \times 30 \times 5 = 300$$
$$m(3,4) = m(3,3) + m(4,4) + r_3c_3c_4 = 0 + 0 + 30 \times 5 \times 25 = 3750$$

また，これらの値は，図 11.1 (b) のように，それぞれ M[1][2], M[2][3], M[3][4] に記録する．

つぎに，i と j の間隔が 2 の値 $m(1,3), m(2,4)$ を計算する．上記の場合と同じように，値 $m(1,2), m(2,3), m(3,4)$ は計算済みなので，それぞれの値は再帰的な定義式により以下のように計算できる．

$$\begin{aligned}m(1,3) &= \min\{m(1,1) + m(2,3) + r_1c_1c_3,\ m(1,2) + m(3,3) + r_1c_2c_3\} \\ &= \min\{0 + 300 + 20 \times 2 \times 5,\ 1200 + 0 + 20 \times 30 \times 5\} \\ &= 500\end{aligned}$$

$$\begin{aligned}m(2,4) &= \min\{m(2,2) + m(3,4) + r_2c_2c_4,\ m(2,3) + m(4,4) + r_2c_3c_4\} \\ &= \min\{0 + 3750 + 2 \times 30 \times 25,\ 300 + 0 + 2 \times 5 \times 25\} \\ &= 550\end{aligned}$$

また，これらの値は，図 11.1 (c) のように，それぞれ M[1][3], M[2][4] に記録する．

最後に求めたい値 $m(1,4)$ を計算するが，上記の場合と同じように必要な値はすべて計算済みなので，以下のように求めることができる．

$$\begin{aligned}m(1,4) = &\min\{m(1,1) + m(2,4) + r_1c_1c_4,\ m(1,2) + m(3,4) + r_1c_2c_4, \\ &m(1,3) + m(4,4) + r_1c_3c_4\} \\ = &\min\{0 + 550 + 20 \times 2 \times 25,\ 1200 + 3750 + 20 \times 30 \times 25, \\ &500 + 0 + 20 \times 5 \times 25\} = 1550\end{aligned}$$

この $m(1,4)$ の値を図 11.1 (d) のように配列 M[1][4] に記録するとともに，連続積を計算するもっとも小さい計算時間として出力する．

最後に，この動的計画法を用いたアルゴリズムを以下にまとめる．

アルゴリズム 11.6
行列の連続積を求める動的計画法を用いたアルゴリズム

入力：入力行列の行数と列数を表す配列 R と C

```
for (i=1; i<=n; i=i+1) { M[i][i]=0; }
for (w=1; w<=n-1; w=w+1) {              //w は i と j の間隔を表す
  for (i=1; i<=n-w; i=i+1) {
    j=i+w; M[i][j]=+∞;
    for (k=i; k<=j-1; k=k+1) {
      m=M[i][k]+M[k+1][j]+r[i]*c[k]*c[j];
      if (m<M[i][j]) { M[i][j]=m; }
    }
  }
}
M[1][n]を出力;
```

このアルゴリズム 11.6 の時間計算量の詳細な求め方の説明は省略するが，最大 n 回の繰り返しである三重の for 文により構成されているので，時間計算量は $O(n^3)$ である．この時間計算量は，分割統治法を用いたアルゴリズム 11.5 が n の指数時間を必要とすることを考えれば，非常に大きな改良であるといえる．

なお，アルゴリズム 11.5, 11.6 では，連続積を計算するのに必要な最小の計算時間のみを求めており，具体的な積の計算順序は求めていないが，アルゴリズムを少し修正するだけで，簡単に積の計算順序を求めるように変更することができる．興味のある人は方法を考えてみてほしい．

11.4 ストラッセンの行列積アルゴリズム *

本章の最後では，$n \times n$ の 2 つの行列の積を $O(n^{2.81})$ 時間で計算する**ストラッセンの行列積アルゴリズム**を紹介する．このアルゴリズムの時間計算量は，基本的な行列積アルゴリズムの時間計算量が $O(n^3)$ であることと比較すると，その改善はわずかではあるが，n が十分に大きい場合のコンピュータ上での実行速度は基本的な行列積アルゴリズムより高速であることが知られている．このストラッセンの行列積アルゴリズムは一般の n に対して適用できるが，ここでは説明を簡単にするために，n は 2 のべき乗の数であると仮定しておく．

ストラッセンの行列積アルゴリズムの考え方を理解するために，はじめに，もっとも簡単な 2×2 行列の積の計算を考えてみよう．まず，入力の行列 A, B を以下のような 2×2 行列だと仮定する．

$$A = \begin{pmatrix} a_{11} & a_{12} \\ a_{21} & a_{22} \end{pmatrix}, \qquad B = \begin{pmatrix} b_{11} & b_{12} \\ b_{21} & b_{22} \end{pmatrix}$$

このとき，行列積の定義に従って計算を行った場合，行列積 $C = AB$ は以下の式により計算される．

$$C = AB = \begin{pmatrix} a_{11} \times b_{11} + a_{12} \times b_{21} & a_{11} \times b_{12} + a_{12} \times b_{22} \\ a_{21} \times b_{11} + a_{22} \times b_{21} & a_{21} \times b_{12} + a_{22} \times b_{22} \end{pmatrix}$$

ここで，上記の式の掛け算($\times$)と足し算($+$)の回数をみてみると，行列積を計算するために 8 回の掛け算と 4 回の足し算が実行されていることがわかる．

つぎに，ストラッセンの行列積アルゴリズムの考え方に基づく計算手順を説明しよう．この手順では，最初に以下の 7 つの値 $x_1, x_2, \ldots, x_7$ を計算する．

$$\begin{aligned}
x_1 &= (a_{11} + a_{22}) \times (b_{11} + b_{22}), & x_2 &= (a_{21} + a_{22}) \times b_{11}, \\
x_3 &= a_{11} \times (b_{12} - b_{22}), & x_4 &= a_{22} \times (b_{21} - b_{11}), \\
x_5 &= (a_{11} + a_{12}) \times b_{22}, & x_6 &= (a_{21} - a_{11}) \times (b_{11} + b_{12}), \\
x_7 &= (a_{12} - a_{22}) \times (b_{21} + b_{22})
\end{aligned}$$

このとき，上記の 7 つの値を用いて，行列積 $C = AB$ は以下のように表すことができる(以下の式のようになることを各自で検証してみてほしい)．

$$C = AB = \begin{pmatrix} x_1 + x_4 - x_5 + x_7 & x_3 + x_5 \\ x_2 + x_4 & x_1 + x_3 - x_2 + x_6 \end{pmatrix}$$

つまり，入力の行列から $x_1, x_2, \ldots, x_7$ の値を計算し，上記の計算を行うことにより，行列積を計算することができる．このように計算した場合，$x_1, x_2, \ldots, x_7$ の計算は 7 回の掛け算と 10 回の足し算で実行することができ，上記の計算は 8 回の足し算で実行できるので，全体で 7 回の掛け算と 18 回の足し算で行列積を計算していることになる（引き算も足し算として計算している）．

前述の行列積の定義に従った計算方法とこの方法を比べると，掛け算の回数は 8 回から 7 回に減っているが，足し算の回数は 4 回から 18 回に増えている．したがって，2×2 行列の場合は，後者の方法は行列積の定義に従った計算方法と比べて実行時間が短縮できるとはいいがたいが，実は，掛け算の回数が減っていることが，n が大きくなった場合のアルゴリズムの時間計算量に大きく影響してくる．

それでは，n が 2 のべき乗の場合の $n \times n$ 行列の積を求めるストラッセンの行列積アルゴリズムを説明しよう．このアルゴリズムは分割統治法を用いた再帰アルゴリズムであり，まず入力の 2 つの $n \times n$ 行列 A, B を，以下のようにそれぞれ 4 つの $\frac{n}{2} \times \frac{n}{2}$ 行列である $A_{11}, A_{12}, A_{21}, A_{22}$ と $B_{11}, B_{12}, B_{21}, B_{22}$ に分割する．

$$A = \begin{pmatrix} A_{11} & A_{12} \\ A_{21} & A_{22} \end{pmatrix}, \quad B = \begin{pmatrix} B_{11} & B_{12} \\ B_{21} & B_{22} \end{pmatrix}$$

このとき，行列積 $C = AB$ は定義より 2×2 行列の場合と同じように以下のように表すことができる．

$$C = AB = \begin{pmatrix} A_{11} \times B_{11} + A_{12} \times B_{21} & A_{11} \times B_{12} + A_{12} \times B_{22} \\ A_{21} \times B_{11} + A_{22} \times B_{21} & A_{21} \times B_{12} + A_{22} \times B_{22} \end{pmatrix}$$

つまり，2×2 行列の場合と同じように以下の計算を実行することにより，行列積 $C = AB$ を求めることができる．

$$X_1 = (A_{11} + A_{22}) \times (B_{11} + B_{22}), \quad X_2 = (A_{21} + A_{22}) \times B_{11},$$
$$X_3 = A_{11} \times (B_{12} - B_{22}), \quad X_4 = A_{22} \times (B_{21} - B_{11}),$$
$$X_5 = (A_{11} + A_{12}) \times B_{22}, \quad X_6 = (A_{21} - A_{11}) \times (B_{11} + B_{12}),$$
$$X_7 = (A_{12} - A_{22}) \times (B_{21} + B_{22})$$
$$C = AB = \begin{pmatrix} X_1 + X_4 - X_5 + X_7 & X_3 + X_5 \\ X_2 + X_4 & X_1 + X_3 - X_2 + X_6 \end{pmatrix}$$

ここで，各 $A_{11}, A_{12}, A_{21}, A_{22}$ と $B_{11}, B_{12}, B_{21}, B_{22}$ は $\frac{n}{2} \times \frac{n}{2}$ 行列なので，$n \times n$ 行列の行列積を求めるアルゴリズムを再帰的に用いることにより計算することができる．

これらのアイデアをアルゴリズムとしてまとめると以下のようになる．なお，アルゴリズム中では，入力行列 A, B と行列積 C はそれぞれサイズが $n \times n$ の 2 次元配列 A, B, C で表し，その他の変数はすべてサイズが $\frac{n}{2} \times \frac{n}{2}$ の 2 次元配列であるとする．

アルゴリズム 11.7 ストラッセンの行列積アルゴリズム

入力：2 つの $n \times n$ 行列 A, B を表す 2 次元配列 A, B

```
Matrix_Multiplay_Strassen(A,B) {
  if (A, B が 1x1 の行列) return AxB;
  else {
    A, B をそれぞれ A11, A12, A21, A22 と B11, B12, B21, B22 に分割;
    X1=Matrix_Multiplay_Strassen(A11+A22,B11+B22);
    X2=Matrix_Multiplay_Strassen(A21+A22,B11);
    X3=Matrix_Multiplay_Strassen(A11,B12-B22);
    X4=Matrix_Multiplay_Strassen(A22,B21-B11);
    X5=Matrix_Multiplay_Strassen(A11+A12,B22);
    X6=Matrix_Multiplay_Strassen(A21-A11,B11+B12);
    X7=Matrix_Multiplay_Strassen(A12-A22,B21+B22);
    C1=X1+X4-X5+X7; C2=X3+X5; C3=X2+X4; C4=X1+X3-X2+X6;
    C1, C2, C3, C4 を 1 つの配列 C に結合;
    return C;
  }
}
```

それでは，このアルゴリズム 11.7 の時間計算量を検証してみよう．$n \times n$ 行列を 4 つの $\frac{n}{2} \times \frac{n}{2}$ 行列に分割したり，4 つの $\frac{n}{2} \times \frac{n}{2}$ 行列を 1 つの $n \times n$ 行列に結合する操作は，各要素の代入により $O(n^2)$ 時間で実行できる．また，アルゴリズム中で 18 回実行されている 2 つの $\frac{n}{2} \times \frac{n}{2}$ 行列の足し算(引き算)は，各要素ごとの足し算なので $\frac{n}{2} \times \frac{n}{2} = O(n^2)$ 時間で実行できる．したがって，アルゴリズムの 7 回の再帰呼び出し以外の時間計算量は全部で $O(n^2)$ である．

そこで，2 つの $n \times n$ 行列に対するこのアルゴリズム 11.7 の実行時間を $T(n)$ とおくと，アルゴリズムより $T(n)$ に関して以下の式が得られ，$T(n) = O(n^{2.81})$ であることがわかる（アルゴリズム 11.7 は再帰アルゴリズムなので，この漸化式で表される $T(n)$ を再帰木を書くことにより求めることができるが，計算は複雑になるので求め方の詳細は省略する）．

$$T(n) = 7 \times \underbrace{T\left(\frac{n}{2}\right)}_{\text{再帰呼び出し}} + \underbrace{O(n^2)}_{\text{その他}}$$
$$= O(n^{\log_2 7})$$
$$= O(n^{2.81}) \quad (\because \log_2 7 \cong 2.81)$$

なお，このストラッセンの行列積アルゴリズム以外にも行列積に関してはさまざまなアルゴリズムが提案されており，現在では，時間計算量がもっとも小さい行列積アルゴリズムとして時間計算量が $O(n^{2.3729})$ のものが知られている．

第 11 章のポイント

1. n 次の**多項式の計算**を基本的なアルゴリズムで行うと，$O(n^2)$ 時間が必要だが，動的計画法によるアルゴリズムを用いると，$O(n)$ 時間で計算することができる．また，漸近的には動的計画法の時間計算量と同じだが，実際の実行時間をさらに改善するアルゴリズムとして，**ホーナーの方法**とよばれるアルゴリズムがある．

2. n 個の**行列の連続積**を求める場合，積の結合則よりどのような順番で連続積を求めても答えは同じだが，計算時間には大きな違いがでる．動的計画法によるアルゴリズムを用いると，計算時間がもっとも短くなる行列積の計算順序を $O(n^3)$ 時間で求めることができる．

3. $n \times n$ の 2 つの**行列の積**を基本的なアルゴリズムで計算すると，$O(n^3)$ 時間が必要であるが，分割統治法を用いた再帰的アルゴリズムである**ストラッセンの行列積アルゴリズム**を使うと，$O(n^{\log_2 7}) = O(n^{2.81})$ 時間で行列積を求めることができる．

演習問題

11.1 以下の文章の①〜④について，それぞれもっとも適切な記号を 1 つずつ選べ．

多項式の値を求めるホーナーの方法は，$n+1$ 個の係数をもつ多項式に対して，時間計算量が（ ① ）である．

2 つの $n \times n$ 行列の積を求める基本的なアルゴリズムの時間計算量は（ ② ）であるが，ストラッセンの行列積アルゴリズムを用いることにより，（ ③ ）で行列積を求めることができる．また，n 個の行列の最適な連続積を求める動的計画法を用いたアルゴリズムは，時間計算量が（ ④ ）である．

① : a. $O(n^2)$ b. $O(n)$ c. $O(\log n)$ d. $O(1)$
② : a. $O(n^3)$ b. $O(n^2)$ c. $O(n^{\log_2 7})$ d. $O(n)$
③ : a. $O(n^3)$ b. $O(n^2)$ c. $O(n^{\log_2 7})$ d. $O(n)$
④ : a. $O(n^3)$ b. $O(n^2)$ c. $O(n^{\log_2 7})$ d. $O(n)$

11.2 ホーナーの方法を再帰アルゴリズムとして実現せよ．

11.3 以下の行列 A_1, A_2, A_3, A_4 に対して，行列の連続積 $A_1 A_2 A_3 A_4$ を求める場合のもっとも少ない計算時間を求めよ．

  $A_1 : 15 \times 4$ 行列， $A_2 : 4 \times 20$ 行列， $A_3 : 20 \times 20$ 行列， $A_4 : 20 \times 15$ 行列

第12章

文字列照合アルゴリズム

keywords

文字列照合，テキスト，パターン，ボイヤー–ムーア法

本章では，長文の文章から特定の文字列を検索するという文字列照合に対するアルゴリズムを紹介する．この文字列照合は，コンピュータ上におけるテキストエディタやワードプロセッサの基本機能として実装されているだけでなく，インターネット上の情報検索システムの基本ともいえる操作である．ここでは，文字列照合の定義について説明するとともに，ホールスプールのアルゴリズムとボイヤー–ムーア法とよばれる効率の良い文字列照合アルゴリズムを紹介する．

12.1 文字列照合とは

本章で取り扱う**文字列照合**という操作は，コンピュータを使用するうえで非常に役立つ機能である．たとえば，テキストエディタにおける文字列照合は，図 12.1 のように作成中の文章から指定した検索文字列を探したり置換したりする操作である．また，インターネットにおける情報検索システムでは，数十億の Web サイトに対して，入力した文字列の照合を実行することにより，検索文字列を含むページの一覧が表示される．さらに，遺伝子情報解析の研究においても，A, T, G, C というタンパク質の列である DNA に対して，特定の遺伝的特徴をもつ DNA のパターンを検索するために，文字列照合が利用されている．

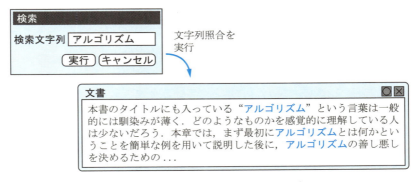

図 12.1　コンピュータ上での文字列照合

このようにさまざまな分野で利用される文字列照合であるが，入出力を明確にするために，ここでは以下のように定義する．

◆定義 12.1　文字列照合

文字列照合とは，文字型の配列 T[0], T[1], ..., T[n-1] に格納された n 文字の**テキスト**と，文字型の配列 P[0], P[1], ..., P[m-1] に格納された m 文字の**パターン**を入力とし，それに対して，T[i]=P[0], T[i+1]=P[1], ..., T[i+m-1]=P[m-1] を満たす最小の i を求める操作である．

この定義をやさしく言い換えると，文字列照合とは，"テキスト中で最初にでてくるパターンと一致する部分をみつける"操作であるということになる．つまり，一般には，テキストとパターンが一致する部分は複数存在するかもしれないが，ここではテキスト中で最初に出現する場所のみをみつければよいものとする（後続の一致する部分をみつける場合は，文字列照合を行うアルゴリズムを繰り返し適用すればよい）．

この文字列照合の例として，"she sells sea shells by the sea shore." という文章を入力のテキストとし，"shell" という語をパターンとする場合の入力例を図 12.2 に示す．この入力例の場合，テキストの T[14]〜T[18] とパターンの P[0]〜P[4] が一致するので，文字列照合の出力は 14 という値になる．

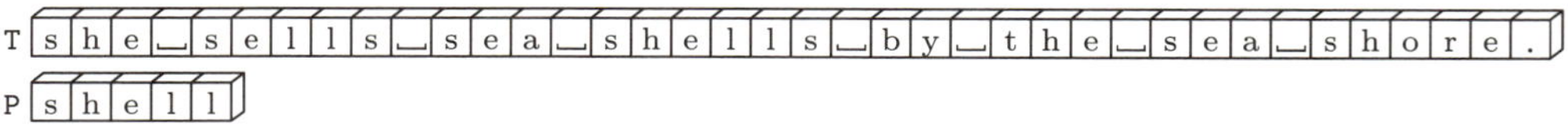

図 12.2　文字列照合の入力例

12.2　基本的なアルゴリズム

それでは，最初に文字列照合を行うもっとも基本的なアルゴリズムについて考えてみよう．おそらく，誰もが以下のような手順により文字列照合が実行できることを簡単に理解できるだろう．

① テキストとパターンの左端をそろえる．

② テキストとパターンの先頭からテキストと一致するかどうかを左から右にチェックする．パターンのすべての文字について一致するなら，パターンの先頭の位置を出力し，アルゴリズムを終了する．

③ テキストの照合位置を 1 文字分だけ右にずらし，②の処理に戻る．

図 12.3 に，図 12.2 に示されているテキストとパターンに対して，このアイデアに基づいた文字列照合を実行する場合の例を示す．この例では，まずテキストとパターンの左端をそろえて左から右に照合を行うと，先頭の "she" という 3 文字は一致するが，4 文字目で文字の不一致が起こる．つぎに，テキストの照合位置を 1 文字分だけ右にずらして照合を行うが，この場合は，1 文字目で不一致が起こる．再度照合位置を 1 文字右にずらして照合を行っても 1 文字目で不一致が起こるので，さらにパター

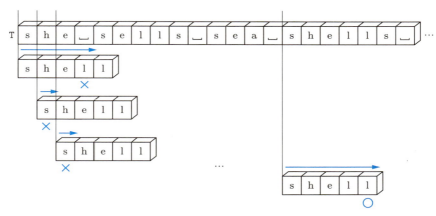

図 12.3 基本的なアルゴリズムの実行例

ンを右にずらしていくことになる．この処理をテキストが終了するか，テキストとパターン全体が一致するまで繰り返すことにより文字列照合を実行できるが，この例ではテキストの T[14]〜T[18] とパターン全体が一致するので，そこでアルゴリズムが終了する．

この基本的な文字列照合アルゴリズムを以下にまとめる．以下のアルゴリズムでは，テキストに対して照合を行う位置の先頭を変数 i で表し，パターンに対して照合を行う位置を変数 j で表している．つまり，"テキストの照合位置を 1 つ右にずらす" という操作は，i を 1 だけ増加させることにより実行している．

アルゴリズム 12.1　基本的な文字列照合アルゴリズム

入力：テキストを表す配列 T[0], T[1], ..., T[n-1]，およびパターンを表す配列 P[0], P[1], ..., P[m-1]

```
i=0;                    //iはテキストに対して照合を行う位置の先頭を表す
while (i<n-m+1) {
  j=0;                  //jはパターンに対して照合を行う位置を表す
  while ((T[i+j]==P[j])かつ(j<m))  { j=j+1; }
  if (j==m) { iを出力しアルゴリズム終了; }
  i=i+1;                //テキストの照合位置を1つ右にずらす
}
"一致しない"と出力;
```

このアルゴリズム 12.1 の時間計算量を考えてみよう．もちろん，テキストの先頭部分とパターンが一致する場合は時間計算量は $O(m)$ となるが，そのような場合は非常にまれなので，テキストとパターンが一致しない場合の時間計算量を考える．アルゴリズム 12.1 は二重の while 文によって構成されているので，この 2 つの while 文の実行回数に着目して時間計算量を検証していこう．

まず，最良の場合の時間計算量を考えると，パターンの先頭がテキスト中に存在しない場合(極端にたとえると，入力のテキストが "aaa ⋯ aaa" という "a" ばかりであり，パターンが "bbb ⋯ bbb" のように "b" ばかりの場合)は，外側の while 文の実行回数は $n-m-1$ であるが，内側の while 文はそれぞれ 1 回しか実行されない．

したがって，この場合のアルゴリズム全体の時間計算量は $O(n-m-1) = O(n)$ であり，これがアルゴリズムの最良時間計算量となる．

つぎに，最悪の場合の時間計算量を考える．アルゴリズムの時間計算量がもっとも大きくなるのは，たとえばテキストが "aaa $\cdots$ aaa" のようにすべて同じ文字で構成され，パターンが "aaa $\cdots$ aab" のように最後の文字だけがテキスト中を構成する文字と異なる場合である．このとき，外側の while 文の実行回数は $n-m-1$ であり，内側の while 文はつねに m 回実行される．したがって，アルゴリズムの時間計算量は $O(m \times (n-m-1)) = O(mn)$ であり，これが最悪時間計算量となる．

12.3 ホールスプールのアルゴリズム

つぎに，**ホールスプールのアルゴリズム**という文字列照合アルゴリズムを説明する．このホールスプールのアルゴリズムは比較的単純なアルゴリズムであるが，高速に文字列照合が可能なアルゴリズムであり，長さがそれぞれ n と m となるテキストとパターンに対して，最良時間計算量が $O\left(\dfrac{n}{m}\right)$，最悪時間計算量が $O(mn)$ である．

このホールスプールのアルゴリズムの高速化のアイデアを直感的に説明すると，"テキストとのパターンの照合をパターンの右から左に向かって行い，不一致が起こった場合は，比較を行ったテキストの右端の文字の情報を利用する" ということである．このように右から照合を行うことにより，テキスト中の文字がパターン中になければ，その文字を飛び越して照合位置を変更することができる．

このアイデアを例を用いて説明していこう．図 12.4 に，図 12.2 の入力に対してこ

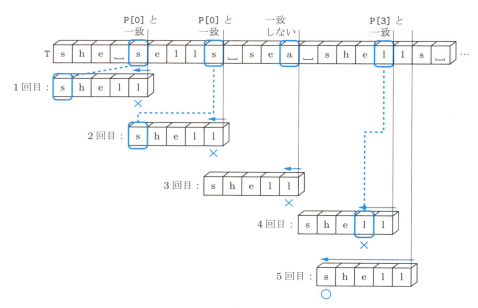

図 12.4 ホールスプールのアルゴリズムのアイデアによる文字列照合の実行例

のアイデアを用いて文字列照合を行う場合の実行例を示す．

まず，テキストとパターンの先頭をそろえて，右から左に 1 回目の照合を行う．この場合は，パターンの最後の文字 P[4]="l" がテキストの文字 "s" と不一致となるが，テキストの "s" という文字はパターン中の文字 P[0]="s" としか一致する可能性はないので，P[0] とテキスト中の照合場所の "s" が一致するように照合位置を 4 文字分右にずらして 2 回目の照合を行う．2 回目の照合でも，パターンの最後の文字 P[4]="l" がテキストの文字 "s" と不一致となるので，1 回目と同様に照合位置を 4 文字分右にずらして 3 回目の照合を行う．

3 回目の照合では，照合位置のテキストの文字は "a" であるが，"a" はパターンには含まれていないので，パターンがこの "a" と一致することはない．したがって，この "a" を含まないように照合位置を 5 文字分ずらしてから，4 回目の照合が実行される．

4 回目の照合では，テキストの "l" とパターンの P[4]="l" は一致するが，つぎのテキストの "e" と P[3]="l" が一致しない．このとき，比較を行ったテキストの右端の文字は "l" であり，この文字はパターン中の文字 P[3] と一致するので，パターンとテキスト中の "l" が一致するように照合位置を 1 文字分右にずらして 5 回目の照合を行う．5 回目の照合では，右から左へと照合を行うとパターン全体とテキストの文字列がすべて一致するので，アルゴリズム終了となる．

この例では，照合場所を右にずらす大きさを簡単に決定できるように書いたが，そのためには，"不一致が起こった場合に，比較を行ったテキストの右端の文字によって何文字分パターンをずらすか" という情報が事前にわかっていなければならないことに注意しよう．

それでは，以下に，この考え方に基づいたアルゴリズムの概要を示そう．アルゴリズムが少々複雑なので，例とともにアルゴリズムの各ステップを説明する．なお，以下のステップの①は不一致が起こった場合のずらす大きさを計算しておく前処理のステップであり，②が文字列照合を実行するステップである．

① 入力テキスト中で用いられている各文字について，不一致が起こった場合に，比較を行ったテキストの右端の文字となった場合のずらす量を計算する．なお，各文字のずらす量は配列 S に保存される．具体的には，文字 α が不一致が起こった場合のテキストの右端の文字となる場合，配列 S は以下のように計算できる．

- 文字 α がパターン中に含まれない場合：文字 α はパターンと一致することはないので，ずらす量は m となり，S[α]=m とする[1]．
- 文字 α がパターン中に含まれる場合：P[i]=α の場合，ずらす量は $m-1-i$ なので，S[α]=m-1-i とする．ただし，α がパターン中に複数回現れる場合は，パターンの最初の $m-1$ 文字（P[0] から P[m-2] まで）の中でもっとも右に現れる P[i]=α となる P[i] に対して S[α]=m-1-i とする．また，α がパターンの末尾 P[m-1] にしか現れない場合のずらす量は m であり，S[α]=m とする．

---

[1] 一般に，配列の格納場所は整数で指定されるが，コンピュータ内では文字も 2 進数で表されるので，その 2 進数を整数と考えることで配列の格納場所を指定できるものとする．

例：図 12.2 の場合，テキスト中の文字は，"a", "b", "e", "h", "l", "o", "r", "s", "t", "y", ".", "␣（空白）"の 12 種類である．これらの文字に対して，入力パターンが "shell" であるとき，P[0]=s, P[1]=h, P[2]=e, P[3]=l, P[4]=l なので，配列 S の値は以下のようになる．

S[a] = 5,　S[b] = 5,　S[e] = 2,　S[h] = 3,　S[l] = 1,　S[o] = 5,
S[r] = 5,　S[s] = 4,　S[t] = 5,　S[y] = 5,　S[.] = 5,　S[␣] = 5

② パターンの右から左に向かって照合を行う．パターン全体とテキストが一致すればアルゴリズムを終了する．一致しない場合は，比較を行ったテキストの右端の文字 α により，照合位置を S[α] だけずらし，このステップを繰り返す．

例：図 12.4 の 1 回目の照合では α = "s" であり，照合位置を S[s]=4 だけ右にずらす．また，2 回目以降の照合における比較を行ったテキストの右端の文字 α とずらす量は以下のようになる．

2 回目：α = "s" であり，照合位置を S[s]=4 だけ右にずらす．
3 回目：α = "a" であり，照合位置を S[a]=5 だけ右にずらす．
4 回目：α = "l" であり，照合位置を S[l]=1 だけ右にずらす．

このホールスプールのアルゴリズムをまとめると，以下のようになる．

アルゴリズム 12.2　文字列照合を行うホールスプールのアルゴリズム

入力：テキストを表す配列 T[0], T[1], ..., T[n-1]，およびパターンを表す配列
　　　P[0], P[1], ..., P[m-1]
for (i=0, α=テキスト中の文字 ; i<テキスト中の文字の種類数; i=i+1)
　　{S[α]=m; }
　　　　　　　　　// テキスト中のすべての文字について配列Sの値をmに初期化

for (i=0; i<m-1; i=i+1) { S[P[i]]=m-1-i; }
　　　　　　　　//パターンの各文字P[i]についてS[P[i]]の値を計算
　　　　　　　　// (ただし，最後の文字P[m-1]を除く)

i=0;　　　　　　　　　//iはテキストに対して照合を行う位置の先頭を表す
while (i<n-m+1) {
　j=m-1;　　　　　　　//jはパターンに対して照合を行う位置を表す
　α=T[i+j];　　　　　　//比較を行うテキストの右端の文字αを記録
　while ((T[i+j]==P[j])かつ(j>=0)) { j=j-1; }
　if (j==-1) { iを出力しアルゴリズム終了; }
　else { i=i+S[α]; }
}
"一致しない"と出力;

それでは，このアルゴリズム 12.2 の時間計算量を考えてみよう．まず，アルゴリズムの前半の 2 つの for 文の時間計算量について考える．1 つ目の for 文の計算量はテキスト中の文字の種類数に依存するが，ここではテキスト中の文字の種類数を C とすると，for 文は C 回の繰り返しなので計算量は $O(C)$ である．また，2 つ目の for 文の計算量は，繰り返し回数が m 回なので $O(m)$ である．

つぎに，アルゴリズム後半の while 文の時間計算量について考える．この while 文

が最良の時間計算量となるのは,照合を行った位置の文字がつねにパターン中に現れない場合である.この場合は,while 文はおよそ $\frac{n}{m}$ 回しか実行されないので,時間計算量は $O\left(\frac{n}{m}\right)$ となる.しかし,この while 文の最悪時間計算量は $O(nm)$ である.なぜなら,たとえばテキストが "aaa ⋯ aaa" のようにすべて同じ文字で構成され,パターンが "baa ⋯ aaa" のように最後の文字だけがテキスト中を構成する文字と異なる場合は,基本的なアルゴリズムと同じ動作となってしまうからである.

以上をまとめると,$m \ll n$ とするとこのアルゴリズム全体の最良時間計算量は $O\left(C + m + \frac{n}{m}\right) = O\left(C + \frac{n}{m}\right)$ であり,最悪時間計算量は $O(C+nm)$ である.ただし,このアルゴリズムを一般の文章に対して実行する場合は,最悪の時間計算量となるような文字列照合は非常にまれであり,最良の時間計算量となる場合に近い文字列照合が一般的である.したがって,ホールスプールのアルゴリズムは実用的には高速に動作するアルゴリズムである.

12.4 ボイヤー−ムーア法 *

最後に,**ボイヤー−ムーア法**とよばれる漸近的に高速な文字列照合アルゴリズムを紹介する.このアルゴリズムは,長さがそれぞれ n と m であるテキストとパターンに対して,最良時間計算量が $O\left(\frac{n}{m}\right)$,最悪時間計算量が $O(n)$ となるアルゴリズムであり,最悪時間計算量の優れた文字列照合アルゴリズムである[1].このボイヤー−ムーア法は 2 つのアイデアで構成されているので,それぞれのアイデアについて順番に説明していく.

ボイヤー−ムーア法の 1 つ目のアイデア

ボイヤー−ムーア法の 1 つ目のアイデアは,ホールスプールのアルゴリズムとほぼ同じであり,不一致が起こった場合に利用する文字の場所のみが異なる.ホールスプールのアルゴリズムでは,不一致が起こった場合は,"比較を行ったテキストの右端の文字" の情報を利用していたが,ボイヤー−ムーアの 1 つ目のアイデアでは,"不一致が起こったテキスト中の文字" の情報を利用する.

この違いを例を用いて説明しよう.図 12.5 に,図 12.2 の入力に対してこのアイデアを用いて文字列照合を行う場合の実行例を示す.

この実行例において,1 回目,2 回目,3 回目の照合はいずれもパターンの最後の文字で不一致が起こっており,この場合の動作はホールスプールのアルゴリズムと同じである.動作が異なるのは 4 回目の照合のような,パターンの最後の文字のいくつかがテキストの文字と一致する場合である.この 4 回目の照合では,テキストの "l" とパターンの P[4]="l" は一致し,つぎのテキストの "e" と P[3]="l" が一致しない.このとき,ボイヤー−ムーア法では,不一致が起こったテキストの文字である "e" の情報を利用し,この文字がパターン中の文字と一致するかを検討する.この場合は,

---

[1] ただし,実際はボイヤー−ムーア法の実装には工夫が必要であり,その実用的な改良版として提案されたのがホールスプールのアルゴリズムである.

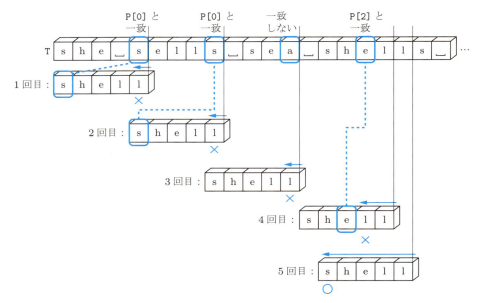

図 12.5　1 つ目のアイデアによる文字列照合の実行例

パターン中の文字 P[2] と一致するので，P[2] とテキスト中の "e" が一致するように照合位置を 1 文字分右にずらして照合を続けることになる．

以下では，このアイデアに基づいたアルゴリズムの概要を，ホールスプールのアルゴリズム同様に説明する．ただし，ずらす量は不一致が起こる場所により異なるので，ずらす量の計算は文字列照合の実行中に行われる．

① 入力テキスト中で用いられている各文字について，その文字がパターン中の何文字目にでてくるかを計算する．ここでは，文字 α がパターンの P[k] と等しい場合，配列 L を用いて L[α]=k とする．なお，文字 α がパターン中にでてこない場合は L[α]=-1 とし，また，文字 α がパターン中に複数回でてくる場合は，パターン中でもっとも右に現れる P[k]=α となる P[k] に対して L[α]=k とする．

例：図 12.5 の場合，テキスト中の文字は，"a"，"b"，"e"，"h"，"l"，"o"，"r"，"s"，"t"，"y"，"."，"␣（空白）" の 12 種類である．これらの文字に対して，入力パターンが "shell" であるとき，P[0]=s，P[1]=h，P[2]=e，P[3]=l，P[4]=l なので，配列 L の値は以下のようになる．

$$L[a]=-1,\quad L[b]=-1,\quad L[e]=2,\quad L[h]=1,$$
$$L[l]=4,\quad L[o]=-1,\quad L[r]=-1,\quad L[s]=0,$$
$$L[t]=-1,\quad L[y]=-1,\quad L[.]=-1,\quad L[␣]=-1$$

② パターンの右から左に向かって照合を行う．パターン全体とテキストが一致すればアルゴリズムを終了する．一致しない場合は，パターンの何文字目で不一致が起こったかと照合位置のテキストの文字 α を記録する．ここでは，テキストの T[i+j] = α とパターンの P[j] で不一致が起こったと仮定する．

例： 図12.5の1回目の照合では，$i=0, j=4, \alpha=$ " s " である．

③ ②で記録したjとαに対して，L[α]<jの場合に照合位置を右に$j-$L[α]だけずらし，L[α]$\geq j$の場合は照合位置を1つだけ右にずらす．この処理を行った後に②に戻る．

例： 図12.5の1回目の照合ではL[s]=0であり，L[s]<jが成り立つので照合位置を$4-0=4$だけ右にずらす．また，2回目以降の照合におけるi,j,αの値と，照合位置を右にずらす量の計算は，以下のようになる．

2回目：$i=4, j=4, \alpha=$ " s " であり，L[s]<jが成り立つので照合位置を$4-0=4$だけ右にずらす．

3回目：$i=8, j=4, \alpha=$ " a " であり，L[a]<jが成り立つので照合位置を$4-(-1)=5$だけ右にずらす．

4回目：$i=13, j=3, \alpha=$ " e " であり，L[e]<jが成り立つので照合位置を$3-2=1$だけ右にずらす．

このボイヤー–ムーア法の1つ目のアイデアに基づく文字列照合アルゴリズムをまとめると，以下のようになる．

アルゴリズム 12.3
ボイヤー–ムーア法の1つ目のアイデアによる文字列照合アルゴリズム

入力：テキストを表す配列 T[0], T[1], ..., T[n-1]，およびパターンを表す配列 P[0], P[1], ..., P[m-1]

```
for (i=0, α=テキスト中の文字 ; i<テキスト中の文字の種類数; i=i+1) {
    L[α]=-1; }
                    //テキスト中のすべての文字について配列Lの値を-1に初期化する
for (i=0; i<m; i=i+1)  { L[P[i]]=i; }
                    //パターンの各文字P[i]についてL[P[i]]の値を計算する

i=0;                //iはテキストに対して照合を行う位置の先頭を表す
while (i<n-m+1) {
  j=m-1;            //jはパターンに対して照合を行う位置を表す
  while ((T[i+j]==P[j])かつ(j>=0))  { j=j-1; }
  if (j==-1) { iを出力しアルゴリズム終了; }
  else if (L[T[i+j]]<j) { i=i+(j-L[T[i+j]]); }   //L[α]<jの場合の処理
  else { i=i+1; }                                //上記以外の場合の処理
}
"一致しない"と出力;
```

このアルゴリズム12.3の動作は大枠がアルゴリズム12.2と同じなので，テキストとパターンの長さがnとm，また，テキスト中の文字の種類数がCのとき，アルゴリズム12.2と同様の理由により，最良時間計算量と最悪時間計算量はそれぞれ$O\left(C+\dfrac{n}{m}\right)$と$O(C+mn)$である．この計算量のうち，最良時間計算量は十分実用的なのだが，最悪時間計算量は基本的なアルゴリズムと同じであり，改良の余地がある．そこで，ボイヤー–ムーア法では，最悪時間計算量を$O(C+n)$とするために，2つ目のアイデアが用いられる．

ボイヤー-ムーア法の2つ目のアイデア

ボイヤー-ムーア法で用いられる2つ目のアイデアは，"照合で一致した部分の情報を利用する[1]"というものである．このアイデアは少し複雑なので，例を用いて説明することにしよう．

図 12.6 のような照合の例を考えよう．この例では，テキストの "␣sell" という部分に対して，"shell" というパターンを右から左に照合している．この場合，"不一致が起こったテキスト中の文字の情報を利用する"という1つ目のアイデアを用いると，不一致が起こったテキスト中の文字は "s" であり，この "s" はパターン中の文字 P[0] としか一致する可能性はないので，P[0] とテキスト中の "s" が一致するように照合位置を1文字分右にずらしてつぎの照合が行われる．

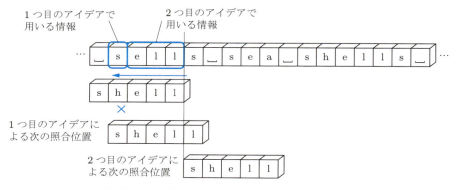

図 12.6　1つ目のアイデアと2つ目のアイデアの比較

しかし，この場合，パターンの右から左への照合において，テキスト中の "ell" という部分はパターンの P[2]～P[4] と一致していることがわかっている．この "ell" という文字列は，"shell" というパターンの最後以外の他の部分に一致しない．したがって，テキストのこの "ell" という部分に対する再度の照合は省略が可能であり，照合位置を5文字分右にずらしてつぎの照合を実行することができる．

この2つ目のアイデアをアルゴリズムとして実現するために，手順の詳細を説明していこう．2つ目のアイデアは，以下の4つの場合に分けて適用される．

(**A**) **照合で一致する部分がない場合**　テキストとパターンの右端の文字の照合で不一致が起こる場合は，照合位置を1つ右にずらす．

(**B**) **照合で一致した部分が再度パターン中に現れる場合**　照合で一致した部分が再度パターン中に現れる場合は，テキストとパターンの一致する部分を合わせるように照合位置を右にずらす．例として，図 12.7 (a) のような場合を考えてみよう．パターンの右から左への照合において，テキスト中の "re" という部分は "there␣are" というパターンの P[7]～P[8] と一致している．このとき，この "re" という文字列は，パターンの P[3]～P[4] にも一致するので，テキスト中の "re" という部分とパターンの P[3]～P[4] を合わせるように照合位置を4文字分右にずらすことができる．

---

[1] このアイデアはボイヤー-ムーア法で初めて使われたのではなく，クヌース-モリス-プラッツ法という文字列照合アルゴリズムで提案された．

図 12.7 2つ目のアイデアの詳細

なお，照合で一致した部分が複数回パターン中に現れる場合は，パターン中でもっとも右に現れる部分に合わせるものとする．

(C) 照合で一致した部分の最後尾がパターンの先頭に一致する場合 (B)のように照合で一致した部分がパターン中にすべて現れなくても，一致した部分の最後尾とパターンの先頭が一致する場合は，その部分を合わせるように照合位置を右にずらす．例として，図 12.7 (b) のような場合を考える．この照合において，テキスト中の "ore" という部分は，"restore" というパターンの P[4]〜P[6] と一致している．このとき，"ore" という文字列はパターンの他の部分にでてこないが，最後尾の "re" という文字列は，パターンの先頭の P[0]〜P[1] と一致する．したがって，この部分を合わせるように照合位置を 5 文字分右にずらすことができる．

(D) (A)，(B)，(C)のいずれでもない場合 (A)，(B)，(C)のいずれでもない場合は，照合で一致した部分とパターンが重ならないようにパターンの長さだけ照合位置を右にずらす．たとえば，図 12.7 (c) のような場合では，テキスト

中の "ore" という部分は，"therefore" というパターンの P[6]〜P[8] と一致しているが，(A)，(B)，(C) のいずれの場合にもあてはまらない．したがって，この部分に重ならないように照合位置を 9 文字分右にずらすことができる．

図 12.8 に，図 12.2 の入力に対して，この 4 つに場合分けされた手順を用いた文字列照合の実行例を示す．1 回目および 2 回目の照合では，パターンの最後の文字 P[4] = " l " がテキストの文字と不一致となるので，上記の 4 つの (A)〜(D) の中で (A) があてはまる．よって，照合位置を 1 文字分右にずらしてつぎの照合が行われる．

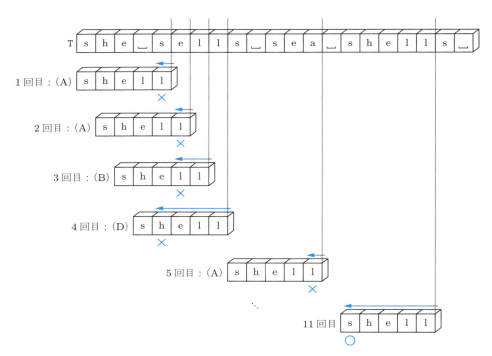

図 12.8　2 つ目のアイデアによる文字列照合の実行例

3 回目の照合では，パターンの最後の文字 P[4] = " l " がテキストの文字と一致するが，パターンのつぎの文字 P[3] = " l " が一致しない．このとき，上記の 4 つの (A)〜(D) の中で (B) があてはまるので，テキストの " l " とパターンの P[3] = " l " を一致させるように，照合位置を 1 文字分右にずらして 4 回目の照合を行う．

4 回目の照合では，テキストの "ell" とパターンの P[2]〜P[4] が一致するが，つぎのテキストの " s " と P[1] = " h " が一致しない．このとき，上記の (A)〜(D) の中の (A)，(B)，(C) のいずれの場合もあてはまらないので，(D) の場合の処理に基づいて，テキストの照合部分とパターンが重ならないように，照合位置を 5 文字分右にずらして 5 回目の照合が実行される．

5 回目以降の照合では，(A) または (B) の場合のみがあてはまり，いずれの場合も 1 文字分ずつ右にずらしてつぎの照合が実行される．この例では，11 回目の照合によりテキストとパターンが一致し，アルゴリズム終了となる．

この図 12.8 からもわかるように，1 つ目のアイデアの場合と異なり，パターンの

P[i] で不一致が起こった場合のずらす量はテキストの文字には依存しない.したがって,パターンの各文字 P[i] で不一致が起こった場合のずらす量は,前述の 4 つの場合にあてはめてパターンの文字列のみから計算することができる.

例として,パターン "shell" の各文字 P[0]〜P[4] について,不一致が起こった場合のずらす量を S[0]〜S[4] とし,この値を計算してみよう(α はパターンのいずれの文字とも一致しない文字だとする).

S[0], S[1], S[2]:それぞれ,図 12.9 (a),(b),(c) のような場合であり,すべて (D) の場合があてはまるので,S[0]=S[1]=S[2]=5.

S[3]:図 12.9 (d) の場合であり,(B) の場合があてはまるので S[3]=1.

S[4]:図 12.9 (e) の場合であり,(A) の場合があてはまるので S[4]=1.

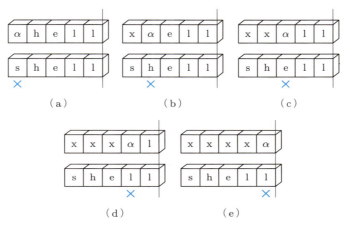

図 12.9　2 つ目のアイデアにおけるずらす量の計算

最後に,このボイヤー–ムーア法の 2 つ目のアイデアに基づく文字列照合アルゴリズムをまとめる.なお,パターン P[0]〜P[m-1] に対する S[0]〜S[m-1] の計算方法については,記述を簡単にするために詳細を省略している.

アルゴリズム 12.4
　ボイヤー–ムーア法の 2 つ目のアイデアによる文字列照合アルゴリズム

入力:テキストを表す配列 T[0], T[1], ..., T[n-1],およびパターンを表す配列 P[0], P[1], ..., P[m-1]

```
for (i=0; i<=m-1; i=i+1) { 各文字P[i]についてS[i]を計算; }
i=0;                //iはテキストに対して照合を行う位置の先頭を表す
while (i<n-m+1) {
  j=m-1;            //jはパターンに対して照合を行う位置を表す
  while ((T[i+j]==P[j])かつ(j>=0))  { j=j-1; }
  if (j==-1) { iを出力しアルゴリズム終了; }
  else { i=i+S[j]; }  //照合位置をずらす
}
"一致しない"と出力;
```

このアルゴリズム 12.4 の時間計算量を求めることは実は難しいのだが,求め方の概要を説明しよう.まず,詳細を省略した S[0]〜S[m-1] を計算する部分であるが,こ

の部分は基本的な文字列照合アルゴリズムと似た方法により計算が可能である．基本的な文字列照合アルゴリズムは長さが n のテキストと長さが m のパターンに対して $O(mn)$ 時間で実行できるが，S[0]〜S[m-1] はパターンのみから計算できるので，時間計算量は $O(m^2)$ となる．

つぎに残りの while 文の時間計算量であるが，この時間計算量の検証が実はかなり複雑であり，ここでは検証の詳細は省略するが，この while 文の時間計算量は $O(n)$ であることが証明されている．したがって，アルゴリズム 12.4 全体のアルゴリズムの時間計算量は $O(m^2 + n)$ であり，一般的に $m \ll n$ とすると，時間計算量は $O(n)$ であることがわかる．

2つのアイデアの融合　以上で，ボイヤー–ムーア法による文字列照合のための2つのアイデアの説明を終わるが，実際のボイヤー–ムーア法では，この2つのアイデアが同時に使われている．つまり，照合操作において不一致が起こった場合，1つ目のアイデアによるずらす量と，2つ目のアイデアによるずらす量を両方計算し，その大きいほうを実際のずらす量としている．これにより，テキストの長さが n，パターンの長さが m，テキスト中の文字の種類数が C であるとき，最良時間計算量が $O\left(C + \frac{n}{m}\right)$，最悪時間計算量が $O(C + n)$ のアルゴリズムとなり，最良時間計算量も最悪時間計算量も非常に優れたアルゴリズムとなっている．

なお，本書ではアルゴリズムの詳細についていろいろと省略しているので，興味のある人は巻末の「さらなる勉強のために」で紹介する書籍を参照してほしい．

第12章のポイント

1. **文字列照合**とは，n 文字のテキストと m 文字のパターンを入力とし，テキスト中の文字列とパターンが一致する部分をみつける操作である．基本的なアルゴリズムを用いると，この文字列照合は最良時間計算量が $O(n)$，最悪時間計算量が $O(mn)$ で実行できる．

2. 高速に文字列照合を実行する**ホールスプールのアルゴリズム**は，"テキストとのパターンの照合をパターンの右から左に向かって行い，不一致が起こった場合は，比較を行ったテキストの右端の文字の情報を利用する" という考え方を用いており，テキスト中の文字の種類数が C であるとき，最良時間計算量が $O\left(C + \frac{n}{m}\right)$，最悪時間計算量が $O(C + mn)$ である．

3. 文字列照合に対する効率の良いアルゴリズムとして，**ボイヤー–ムーア法**とよばれるアルゴリズムがある．このボイヤー–ムーア法は2つのアイデアで構成されている．1つ目のアイデアは，"テキストとパターンの照合をパターンの右から左に向かって行い，不一致が起こったテキスト中の文字の情報を利用する" というものであり，2つ目のアイデアは，"照合で一致した部分の情報を利用する" というものである．

4. 上記の2つのアイデアを合わせて用いることにより，ボイヤー–ムーア法による

文字列照合アルゴリズムの時間計算量は，テキスト中の文字の種類数が C であるとき，最良時間計算量が $O\left(C + \dfrac{n}{m}\right)$，最悪時間計算量が $O(C+n)$ となる．

演習問題

12.1 以下の文章の①〜⑦について，それぞれ正しい記号を下から選べ．正しい記号が複数存在する場合はすべて列挙せよ．ただし，②，③，⑥，⑦については，もっとも適切なものを1つだけ選ぶこと．

　文字列照合を行う基本的なアルゴリズムは，(　①　)するが，長さ n のテキストと長さ m のパターンを入力とする場合，パターンがテキスト中に存在しなければ，その最良時間計算量は(　②　)であり，最悪時間計算量は(　③　)である．

　ボイヤー–ムーア法とよばれる文字列照合アルゴリズムは，1つ目のアイデアにより，(　④　)するが，これにより不一致が起こった場合にパターンを最大(　⑤　)文字分だけ右にずらしてつぎの比較を行うことができる．また，2つ目のアイデアも同時に用いて，テキスト中の文字の種類数を定数と考えると，パターンがテキスト中に存在しない場合のボイヤー–ムーア法の最良時間計算量は(　⑥　)であり，最悪時間計算量は(　⑦　)である．

① : a. テキストとパターンをパターンの左端から比較
　　 b. テキストとパターンをパターンの右端から比較
　　 c. テキストの右端から比較を開始　　　d. テキストの左端から比較を開始

② : a. $O(mn)$　　　b. $O(n+m)$　　　c. $O\left(\dfrac{n}{m}\right)$　　　d. $O(n)$

③ : a. $O(mn)$　　　b. $O(m)$　　　c. $O\left(\dfrac{n}{m}\right)$　　　d. $O(n)$

④ : a. テキストとパターンをパターンの左端から比較
　　 b. テキストとパターンをパターンの右端から比較
　　 c. 不一致が起こったテキスト中の文字の情報を利用
　　 d. 不一致が起こったパターン中の文字の情報を利用

⑤ : a. m　　　b. n　　　c. $\dfrac{n}{m}$　　　d. mn

⑥ : a. $O(mn)$　　　b. $O(n+m)$　　　c. $O\left(\dfrac{n}{m}\right)$　　　d. $O(n)$

⑦ : a. $O(mn)$　　　b. $O(m)$　　　c. $O\left(\dfrac{n}{m}\right)$　　　d. $O(n)$

12.2 "therefore" というパターン P[0]〜P[8] に対して，ホールスプールのアルゴリズムで用いられる配列 S[t], S[h], S[e], S[r], S[f], S[o] の値を示せ．

12.3 "therefore" というパターン P[0]〜P[8] に対して，ボイヤー–ムーア法の1つ目のアイデアで用いられる配列 L[t], L[h], L[e], L[r], L[f], L[o] の値を示せ．

12.4 "therefore" というパターン P[0]〜P[8] に対して，ボイヤー–ムーア法の2つ目のアイデアで用いられる配列 S[0]〜S[8] の値を示せ．

12.5 " A man said, "I think, therefore I am." " というテキスト（最初の A からピリオドの後ろのダブルクオーテーションまでがテキストで，ダブルクオーテーション，空白，コンマなども 1 文字と数えるものとする）と "therefore" というパターンを入力として，ボイヤー–ムーア法の 2 つのアイデアを同時に用いて文字列照合を行うとき，テキストとパターンの文字の比較は何回実行されるかを答えよ．

第13章

アルゴリズムの限界

keywords

問題の複雑さ，問題のクラス，クラス階層，クラス P，クラス NP，問題の帰着，帰着可能性，NP 困難，NP 完全，非可解な問題

　これまで，いろいろな問題についての効率の良いアルゴリズムを説明してきたが，すべての問題に対して効率の良いアルゴリズムが存在するというわけではない．最後の本章では，問題の解きやすさを表す"複雑さ"という概念を説明し，この複雑さによってはその問題を解く効率の良いアルゴリズムがない問題や，アルゴリズムが存在しない（解くことができない）問題も存在することを紹介する．

13.1 問題のクラス

問題の複雑さ　本書では，これまでにいろいろな問題に対する多くのアルゴリズムを紹介してきた．これらのアルゴリズムの時間計算量は，どれも入力サイズ n の関数として漸近的に表されているが，問題によって大きく時間計算量は異っている．表 13.1 に，紹介したいくつかの問題と，その問題を解く漸近的にもっとも高速なアルゴリズムの名前と最悪時間計算量のリストを示す．

　表からわかるように，アルゴリズムの最悪時間計算量は問題によって大きく異なるが，この問題を解くもっとも高速なアルゴリズムの最悪時間計算量を，**問題の複雑さ**という．この問題の複雑さは，その問題の解きやすさを表していると考えることができる．たとえば，n 個の未ソートのデータに対する探索の複雑さは $O(n)$ であり，n 個

表 13.1　問題とアルゴリズムの時間計算量

問題	アルゴリズム	最悪時間計算量
未ソートのデータに対する探索	線形探索 （アルゴリズム 4.1）	$O(n)$
ソート済みのデータに対する探索	2 分探索法 （アルゴリズム 4.2）	$O(\log n)$
ソート	ヒープソート，マージソート （アルゴリズム 5.5，アルゴリズム 7.3）	$O(n \log n)$
分割ナップサック問題	グリーディ法 （アルゴリズム 8.1）	$O(n \log n)$
部分和問題	分枝限定法 （アルゴリズム 9.2）	$O(n 2^n)$
最短経路問題	ダイクストラ法 （アルゴリズム 10.1）	$O(n^2)$

のソート済みのデータに対する探索の複雑さは $O(\log n)$ である．したがって，この2つの問題の複雑さを比較すると，

$$\begin{bmatrix} \text{未ソートのデータに対する} \\ \text{探索の複雑さ} \end{bmatrix} = O(n) \geq \begin{bmatrix} \text{ソート済みのデータに対する} \\ \text{探索の複雑さ} \end{bmatrix} = O(\log n)$$

となるので，"n 個のソート済みのデータに対する探索" という問題が，"n 個の未ソートのデータに対する探索" という問題よりも解きやすいことがわかる．同じように，"n 個の荷物に対する分割ナップサック問題" と "n 個のデータに対する部分和問題" を比較すると，

$$\begin{bmatrix} \text{分割ナップサック問題の複雑さ} \\ = O(n \log n) \end{bmatrix} \leq \begin{bmatrix} \text{部分和問題の複雑さ} \\ = O(n2^n) \end{bmatrix}$$

となり，"分割ナップサック問題" という問題は，"部分和問題" よりも解きやすいということになる．

このように，各問題について複雑さを考えていくと，同じ複雑さの問題による集合ができることがわかるだろう．このような同じ複雑さの問題の集合を，**問題のクラス**とよぶ．たとえば，"$O(n \log n)$ 時間で解ける問題のクラス" には，"ソート" や "分割ナップサック問題" といった問題が含まれており，また，"$O(n^2)$ 時間で解ける問題のクラス" には，"最短経路問題" が含まれる．もちろん，短い時間で解ける問題はもっと時間をかけても解くことができるので，$O(n \log n)$ 時間で解ける問題は $O(n^2)$ 時間でも解くことができ，"ソート" や "分割ナップサック問題" といった $O(n \log n)$ 時間で解ける問題も "$O(n^2)$ 時間で解ける問題のクラス" に含まれる．

この問題のクラスを図で表すと，図 13.1 のような包含関係になっており，この包含関係を**問題のクラス階層**とよぶ．このクラス階層では，最悪時間計算量が大きいクラスはその時間計算量より小さい時間計算量の問題のクラスを含んでいる．また，問題のクラス階層は図 13.1 に示しているものだけではなく，実際には非常に多くのクラスで構成されている．

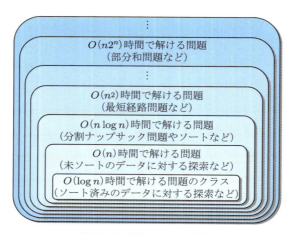

図 13.1 問題のクラス階層

クラス P とクラス NP

このように，多くの時間計算量のクラスで構成されるクラス階層であるが，一般的には，それほど多くの時間計算量のクラスには分類されず，図 13.2 のようにクラス P とクラス NP という 2 つの時間計算量のクラスに分類される．この 2 つのクラスについて簡単に説明しよう．

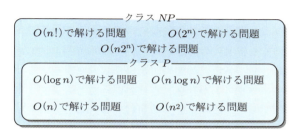

図 13.2 クラス P とクラス NP の関係

クラス P：クラス P は，問題を解くアルゴリズムの時間計算量が n の多項式で表される問題のクラスである[1]．ここで，時間計算量が n の多項式とは，ある定数 k に対して時間計算量が $O(n^k)$ であることを表している．クラス P には探索やソートといった基本的な問題が含まれており，現在の計算機で比較的高速に解くことができる．

クラス NP：クラス NP の正確な定義は，"問題に対する解が与えられたとき，その解が問題の正しい解かどうかを多項式時間で確かめることができる問題のクラス"である[2]．一般には，クラス NP に含まれる代表的な問題は，問題を解くアルゴリズムの時間計算量が，n の指数（$O(2^n)$ など）や n の階乗（$O(n!)$ など）になる問題である（もちろん多項式時間の時間計算量は，指数や階乗の時間計算量より小さいので，クラス P に含まれる問題はクラス NP にも含まれる）．

たとえば，部分和問題は問題を解くアルゴリズムの時間計算量が $O(n2^n)$ であり，$n2^n < 4^n$ なので時間計算量は n の指数で表される．また同時に，この部分和問題はクラス NP に含まれる問題であることが証明されている．これらの時間計算量が n の指数や n の階乗となるアルゴリズムは，n が大きい場合（$n > 100$ 程度）には実行に非常に時間がかかる．したがって，現在の計算機では n が大きい場合は正確な解を求めることは非常に困難であり，正確な解に近い解（近似解）を求めるアルゴリズムが使われている．

この 2 つのクラスについて少し大雑把にまとめると，つぎのようになる．

"クラス P に含まれる問題は，現在の計算機で比較的高速に解くことができるが，クラス NP に含まれる多くの問題については，多項式時間のアルゴリズムが知られていないので，入力サイズが大きい場合は，正確な解を求めることは非常に困難である．"

---

[1] クラス P の P は，polynomial という "多項式" を表す英語の頭文字である．
[2] クラス NP の NP は，non-deterministic polynomial という "非決定性多項式" を表す英語の頭文字であり，クラス NP に含まれる問題が非決定的な多項式時間の計算では解くことができることを表している．

ここで，注意しなければならないのは，図13.2では，$P \subset NP$（クラスPはクラスNPに完全に含まれる）のように描かれているが，実はこの図が正しいかどうかはわかっていないということである．つまり，明らかに$P \subseteq NP$（クラスPはクラスNPの部分集合）であることはわかっているのだが，$P = NP$（クラスPとクラスNPは等しい）という可能性も残されており，$P \neq NP$（クラスPとクラスNPは異なる）ということは証明されていないのである．普通に考えれば，いままでに多くの研究者が考えても多項式時間のアルゴリズムがみつけられなかったクラスNPに含まれる問題に対して，多項式時間のアルゴリズムが存在するとは思えないが，逆に，多項式時間のアルゴリズムが存在しないということも証明できていない．この関係を証明するという問題は，現在まで，情報科学分野の最大の未解決問題の1つであり，この問題を解くことができれば，100万ドルを手に入れることができる[1]．

問題の帰着　つぎに，少し話を横道にそらして，問題を解くためのアルゴリズムを考えずに問題を解く方法について簡単に説明する．たとえば，"配列にランダムな順番で格納されているn個のデータの中央の値（小さいほうから数えて$\left\lceil \frac{n}{2} \right\rceil$番目の値）を求める"という問題が与えられたと仮定し，どうやれば簡単に中央の値を求めることができるかを考えよう．この問題を解く実直な方法は，中央の値を求めるアルゴリズムを考えて，そのアルゴリズムに基づくプログラムを作成するというものだろう．しかし，アルゴリズムを考えたりプログラムを作成したりしなくても，以下の2ステップにより，この中央の値を求めることができる．

① 配列のデータを，クイックソートやマージソートなどのソートアルゴリズムを用いてソートする．
② ソートされたデータの$\left\lceil \frac{n}{2} \right\rceil$番目の値を出力する．

このように，"解きたい問題Aの入力を別の問題Bの入力とし，問題Bを解くアルゴリズムにより問題Aの解を求める"という方法を，問題の**帰着**（**還元**ともいう）とよぶ．この帰着の概念をもう少し詳しく説明しよう．

問題Aを問題Bへの帰着により解く方法は，図13.3に表されるような以下の3つのステップにより構成される．

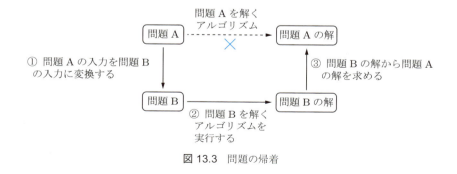

図 13.3　問題の帰着

---

[1] クレイ数学研究所によって，100万ドルの懸賞金がかけられている7つの問題の1つである．詳しくは「ミレニアム懸賞問題」をインターネットで検索のこと．

① 問題 A の入力を問題 B の入力に変換する．
② 変換した入力に対して，問題 B のアルゴリズムを実行する．
③ 問題 B の解から問題 A の解を求める．

それでは，帰着により問題を解く例として，この3つのステップを使って以下の分割問題を解いてみよう．

[問題 13.1] 分割問題

$A = \{a_1, a_2, \ldots, a_n\}$ という n 個の正の実数の集合 A が与えられたとする．このとき，

集合 A_1 に含まれる実数の和 = 集合 A_2 に含まれる実数の和

となるように，集合 A を 2 つの集合 A_1, A_2 に分割することができるかどうかを示せ．

この分割問題の例を挙げると，問題の入力が $A = \{1, 4, 2, 9, 14\}$ である場合，$A_1 = \{1, 14\}$, $A_2 = \{4, 2, 9\}$ と分割するとどちらの集合の和も 15 になるので，出力は "$A_1 = \{1, 14\}$ と $A_2 = \{4, 2, 9\}$ に分割すれば和が等しくなる" となる．また，問題の入力が $A = \{1, 4, 6, 9, 14\}$ である場合，この集合は和が等しくなるように分割できないので，出力は "等しくなるような分割方法が存在しない" となる．

この分割問題を第 9 章ででてきた部分和問題に帰着してみよう．確認のため部分和問題（100 ページ）の定義を以下にもう一度書いておく．

[問題 9.1] 部分和問題

$\{x_1, x_2, \ldots, x_n\}$ という n 個の正の実数の集合と，s という正の実数が与えられたとする．このとき，$\{x_1, x_2, \ldots, x_n\}$ の中からその和がちょうど s になる実数の選び方を求めよ．

これらの 2 つの問題は一見かなり異なるように感じられるが，分割問題の "入力の集合を和が等しくなるように分割" ということが，部分和問題の "和が入力全体の和の半分になるように選択する" ということに対応することに気がつけば，帰着の方法はそれほど難しくない．

それでは，前述の帰着により解く方法の①として，分割問題の入力を部分和問題の入力に変換する方法を説明しよう．入力の変換は以下の式に従って行えばよい．

- 各 i $(1 \leq i \leq n)$ について，$x_i = a_i$ とする．
- $s = \dfrac{1}{2} \sum_{i=1}^{n} a_i$ とする．

たとえば，前述の $A = \{1, 4, 2, 9, 14\}$ という分割問題の入力は，上記の変換により，$s = \dfrac{1}{2}(1 + 4 + 2 + 9 + 14) = 15$ なので，この分割問題は「$\{1, 4, 2, 9, 14\}$ という集合

について，その和がちょうど $s = 15$ になる選び方を求めよ」という部分和問題に変換される．

このように変換した入力に対して，前述の帰着により解く方法の②に従って部分和問題を解いたとする．このとき，帰着により解く方法の③として，部分和問題の出力により，分割問題の出力が以下のように決定できることがわかるだろう．

- （部分和問題の出力）"和が s に等しい選び方が存在しない"
  ⇒（分割問題の出力）"等しくなるような分割方法が存在しない"
- （部分和問題の出力）"和が s に等しくなる選び方が存在し，その組合せは集合 S である"
  ⇒（分割問題の出力）"集合 S と集合 $A - S$ に分割すれば，和が等しくなる"

たとえば，前述の $\{1, 4, 2, 9, 14\}$ という集合について部分和問題として和が $s = 15$ になる選び方を求めると，「$S = \{1, 14\}$ という組合せで和が s に等しくなる」という出力が得られる．したがって，この部分和問題の出力を分割問題の出力に変換すると，「集合 $S = \{1, 14\}$ と集合 $A - S = \{4, 2, 9\}$ に分割すれば和が等しくなる」という出力となる．

この例では，分割問題は部分和問題に帰着することにより解けることを示したが，この帰着により解く場合の時間計算量はどうなるだろうか．帰着により解く方法の3つのステップから考えれば，分割問題を解くための時間計算量は，

① 分割問題の入力を部分和問題に変換するのに必要な時間計算量
② 部分和問題を解くのに必要な時間計算量
③ 部分和問題の出力から，分割問題の出力を決定するのに必要な時間計算量

という3つの時間計算量の和となる．この帰着の場合は，①，③の時間計算量はどちらも $O(n)$ であることが前述の手順よりわかるだろう．したがって，分割問題の時間計算量については以下の式が得られる．

$$\text{分割問題の時間計算量} = \text{部分和問題の時間計算量} + O(n)$$

つまり，分割問題は，部分和問題を解く時間計算量が $O(n2^n)$ のアルゴリズムを用いて，$O(n2^n) + O(n) = O(n2^n)$ という時間計算量で解くことができる．

このように，一般に問題 A を問題 B に帰着して解く場合の時間計算量は，

$$\text{問題 A の時間計算量} = \text{問題 B の時間計算量} + \text{入出力の変換に必要な時間計算量}$$

となる．とくに，この"入出力の変換に必要な時間計算量"が入力サイズ n の多項式のオーダであるとき，問題 A は問題 B に**多項式時間で帰着可能**であるという．この概念は，以下で説明する NP 完全性を定義するために用いられる．

NP 完全問題　　話を問題のクラスに戻して，解くことが非常に困難だと考えられている2つの問題の集合について紹介する．クラス NP に含まれる問題の多くは解くことが困難であると考えられていることを説明したが，以下で定義される2つの問題の集合は，クラス NP に含まれる問題よりも難しい問題の集合と，クラス NP に含まれる問題の中でもっとも難しい問題の集合である．

まず，クラス NP に含まれる問題よりも難しい問題の集合である **NP困難問題** について，とりあえずその定義だけを説明しよう．

◆**定義 13.1　NP困難**
クラス NP に含まれるすべての問題が問題 A に多項式時間で帰着可能であるとき，問題 A は **NP困難** である．

つぎに，クラス NP に含まれる問題の中でもっとも難しい問題の集合である **NP完全問題** についても，その定義を説明しよう．

◆**定義 13.2　NP完全**
問題 A が NP 困難かつクラス NP に含まれるとき，問題 A は **NP完全** である．

図 13.4 (a)，(b) にこの NP 困難問題と NP 完全問題の概念を表す図をそれぞれ示す．

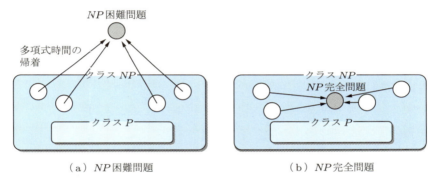

図 13.4　NP 困難問題と NP 完全問題の概念図

なぜ，これらの NP 困難と NP 完全という 2 つの概念が重要かというと，これらの問題について効率の良いアルゴリズムが提案されれば，多項式時間の帰着を用いることにより，クラス NP に含まれる他の問題についても効率の良い解き方ができるからである．

この理由について式を用いて説明しよう．帰着の定義より，NP 完全問題の概念を用いてクラス NP に含まれる問題を解くために必要な時間計算量である複雑さを考えると，

$$\text{クラス } NP \text{ に含まれる問題の複雑さ} = NP \text{ 完全問題の複雑さ} + \text{多項式時間}$$

となる．したがって，もし NP 完全問題を多項式時間で解くアルゴリズムがみつかれば，クラス NP に含まれるすべての問題について，時間計算量が多項式時間のアルゴリズムが提案できることになる．

このような重要性により，これらの NP 完全と NP 困難という概念については，現在までに多くの研究が行われ，多くの問題が NP 完全や NP 困難であることが証明されている．本書で紹介した中では，部分和問題は NP 完全であり，0-1 ナップサック問題は NP 困難である．以下に，その他の代表的な NP 完全問題の例を 2 つ示す．

充足可能性問題　n 個の 0 または 1 の変数 $x_1, x_2, \ldots, x_n$ による和積形の論理式が入力として与えられた場合に，その論理式を 1 にするような変数割当が存在するかどうかを答えよ．

例：入力が $(\overline{x_1} \vee x_2 \vee \overline{x_3})(x_1 \vee x_3)(\overline{x_1} \vee \overline{x_2})$ という論理式の場合，$x_1 = 1$, $x_2 = 0$, $x_3 = 0$ とすると論理式は 1 になるので，この論理式は充足可能であると出力する．一方，入力が $(x_1 \vee \overline{x_2})(x_1 \vee x_2 \vee x_3)(\overline{x_3})(\overline{x_1} \vee x_3)$ という論理式の場合，この論理式を 1 にするような変数割り当ては存在しないので，充足不能であると出力する．

ハミルトン経路問題　n 個の頂点のグラフとそのグラフの 2 つの頂点が出発頂点と到着頂点として与えられた場合に，出発頂点から始まって各頂点を 1 回ずつ通り，到着頂点に達するような経路をみつけよ．

例：図 13.5 のようなグラフが入力として与えられ，v_1 が出発頂点，v_7 が到着頂点として指定された場合，$(v_1, v_2, v_3, v_4, v_6, v_5, v_7)$ という経路はハミルトン経路問題の出力である．一方，v_3 が出発頂点，v_6 が到着頂点として指定された場合，各頂点を 1 回ずつ通るような経路は存在しないので，ハミルトン経路問題の出力は "経路なし" となる．

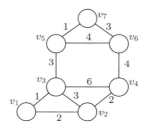

図 13.5　ハミルトン経路問題と巡回セールスマン問題の入力

また，以下に NP 困難問題の例として有名な巡回セールスマン問題を示す．この巡回セールスマン問題は，どれだけ高速に解くことができるかによって計算機やアルゴリズムの性能を表すベンチマークとして利用されることの多い問題である．

巡回セールスマン問題　ハミルトン経路問題と同様の n 個の頂点のグラフが与えられ，各辺の長さが決められているものとする．このとき，各頂点を 1 回ずつ通る最短のハミルトン経路をみつけよ．

例：図 13.5 のようなグラフが入力として与えられ，v_1 が出発頂点，v_7 が到着頂点として指定されたとする．このとき，$(v_1, v_2, v_3, v_4, v_6, v_5, v_7)$, $(v_1, v_2, v_4, v_3, v_5, v_6, v_7)$, $(v_1, v_3, v_2, v_4, v_6, v_5, v_7)$ という 3 つのハミルトン経路が存在するが，この中で最短の経路は $(v_1, v_3, v_2, v_4, v_6, v_5, v_7)$ なので，この経路が巡回セールスマン問題の出力となる．

13.2 解くことのできない問題 *

問題の複雑さに関する最後の話として，どのような問題でもコンピュータで解くことができるわけではないということを紹介しよう．例として，停止性判定問題とよばれる以下のような問題を考えてみる．

[問題 13.2] 停止性判定問題

コンピュータ上で実行可能なプログラム P とそのプログラムへの入力 I が問題の入力として与えられるものとする．このとき，I を入力として P を実行した場合，その実行が正常終了するか，それとも無限ループやエラーにより異常終了するかを判定せよ．

もしこの問題を解くことができるならば，この問題を解くアルゴリズムを用いて，実際にコンピュータ上でプログラムを実行する前にそのプログラムが正常に動作するかどうかを判断でき，コンピュータの OS が異常終了することを完全に防ぐことができるようになる．しかし，以下に紹介する証明によって，この問題を解くことはできないことが知られている．

停止性判定問題を解くことはできないという証明　　停止性判定問題を解くことはできないということを背理法で証明する．つまり，停止性判定問題を解くアルゴリズムが存在すると仮定し，その存在によって矛盾を導いていく．

まず，この停止性判定問題を解くアルゴリズムが存在すると仮定し，そのアルゴリズムをコンピュータ上で実行できるように実装したゼウスという名前のプログラムがあるものとしよう．つまり，ゼウスというプログラムは，図 13.6 のように，停止性判定問題の入力である "プログラム P の実行ファイル" と "そのプログラムに対する入力 I" を入力とし，そのプログラムが正常終了するならば "OK" を出力し，異常終了するならば "NO" を出力するプログラムであるとする．

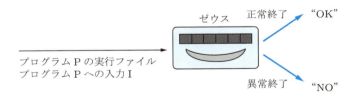

図 13.6　停止性判定問題を解くゼウス

このとき，以下のような入出力をもつサタンという名前のプログラムを作ることを考えよう．このサタンというプログラムは，図 13.7 (a) のように，"プログラム P の実行ファイル" を入力とし，そのプログラム P に対してプログラム P 自身を入力とする場合の実行を判断するプログラムである（一般にはこのようなプログラムを作成する意味はないが，証明のためだけにこのようなプログラムを考えている）．さらに，こ

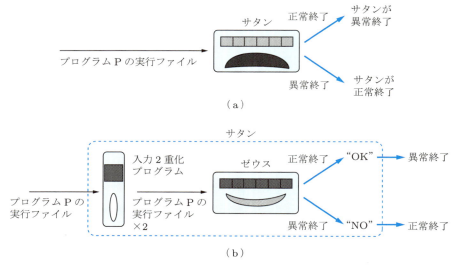

図 13.7　サタンというプログラム

のサタンは，プログラム P に対してプログラム P 自身を入力として実行した場合，正常終了するならば異常終了し，異常終了するならば正常終了するというひねくれたプログラムであるとする．

ここで，このようなサタンというプログラムが実現できるかどうかを検討しなければならないが，ゼウスが存在するならば，図 13.7 (b) のように，ゼウスに以下の 2 つの機能を追加するだけでよいので，サタンは必ず作成することができる．

- 入力のプログラムの実行ファイルを 2 つに複製する部分
- ゼウスの出力が "OK" なら無限ループ等の異常終了となり，"NO" なら正常終了するという条件分岐をする部分

つぎに，このゼウスとサタンという 2 つのプログラムが存在すると仮定し，ゼウスに対して，サタン自身の実行ファイルを二重化して入力として実行した場合の動作について考えてみよう．つまり，"サタンというプログラムにサタン自身の実行ファイルを入力した場合の実行" をゼウスに判定させるわけである．この動作を以下の 2 つに場合分けして考える．

まず，図 13.8 (a) のようにゼウスが "OK" を出力する場合を考える．このとき，ゼウスの判定結果より，"サタンというプログラムにサタン自身の実行ファイルを入力して動作させると正常終了する" ということになる．ところが，サタンにサタンの実行ファイルを入力した場合は，サタンは図 13.7 (b) のような構成なので，ゼウスが "OK" を出力するなら図 13.8 (b) のように異常終了してしまう．これは，ゼウスによる正常終了の判定結果に矛盾する．

つぎに，図 13.9 (a) のようにゼウスが "NO" を出力する場合を考える．このとき，ゼウスの判定結果より，"サタンというプログラムにサタン自身の実行ファイルを入力して動作させると異常終了する" ということになる．ところが，上の場合と同じように，サタンは図 13.7 (b) のような構成なので，ゼウスが "NO" を出力するなら図 13.8

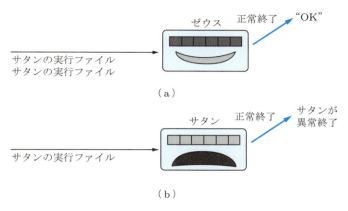

図 13.8 ゼウスが "OK" を出力する場合

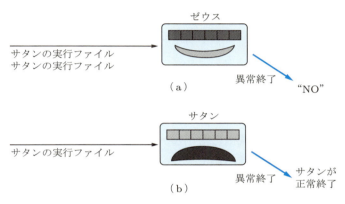

図 13.9 ゼウスが "NO" を出力する場合

(b)のように正常終了してしまう．したがって，この場合もゼウスの判定結果に矛盾してしまう．

以上より，どちらの場合もゼウスとサタンの動作は矛盾するので，ゼウスというプログラムは存在せず，最初の"停止性判定問題を解くアルゴリズムが存在する"という仮定が間違っていることがわかる．**証明終**■

この停止性判定問題のように，コンピュータで解くことのできない問題は**非可解な問題**（**計算不能問題**ともいう）とよばれている．停止性判定問題以外の非可解な問題の代表例としては，以下に示す不定方程式という問題がある．

不定方程式 整数を係数とする多変数の多項式が与えられた場合に，その多項式が整数解をもつかどうかを判定せよ．

例：$3x+y-z=0$ のような簡単な多項式なら基本的なアルゴリズムで整数解（たとえば，$x=1, y=0, z=3$）が存在することが簡単にわかる．しかし，$x^3+y^3-z^3=0$ のような式[1]を含む一般的な方程式に対して，整数解が存在するかどうかをアルゴリズムによって判定することはできない．

---

[1] この式は，有名な"フェルマーの定理"の問題とされた式であり，1994 年にこの式を満たす整数解は存在しないことが証明された．

これらの非可解な問題には，それほど実用的な問題は含まれていないので，一般にはその問題が非可解なのかどうかを考察する必要はないだろう．しかし，これら非可解な問題は，今後どんなにコンピュータが発達しても解くことはできない問題であり，その存在は記憶にとどめておいてほしい．

第 13 章のポイント

1. 問題を解くもっとも高速なアルゴリズムの最悪時間計算量を，**問題の複雑さ**といい，同じ複雑さの問題の集合を**問題のクラス**とよぶ．問題のクラスはその時間計算量によって包含関係を構成しており，この包含関係を問題の**クラス階層**とよぶ．

2. 問題を解くアルゴリズムの時間計算量が入力サイズの多項式で表される問題のクラスを，**クラス P** とよぶ．また，問題に対する解が与えられたとき，その問題の解が正しいかどうかを多項式時間で確かめられる問題のクラスを，**クラス NP** とよぶ．定義より，$P \subseteq NP$ であるが，$P \neq NP$ が成り立つかどうかは，情報科学分野の最大の未解決問題の 1 つである．

3. 解きたい問題 A の入力を問題 B の入力に変換し，問題 B を解くアルゴリズムにより問題 A の解を求めるという方法を，問題の**帰着**とよぶ．とくに，入出力の変換に必要な時間計算量が入力サイズの多項式のオーダであるとき，問題 A は問題 B に**多項式時間で帰着可能**であるという．

4. **NP 困難問題**とは，クラス NP に含まれるすべての問題を多項式時間で帰着可能である問題であり，**NP 完全問題**とは，NP 困難かつクラス NP に含まれる問題である．NP 完全問題は，その定義よりクラス NP に含まれる問題の中でもっとも難しい問題だと考えられている．

5. 停止性判定問題に代表されるようないくつかの問題は，コンピュータを用いて解くことができないことが証明されている．このような解くことができない問題のことを**非可解な問題**とよぶ．

演習問題

13.1 以下の文章の①〜⑥について，それぞれ正しい記号を下から選べ．正しい記号が複数存在する場合はすべて列挙せよ．

問題のクラスにおいて，クラス P は（ ① ）問題のクラスであり，クラス NP は（ ② ）問題のクラスである．

ある問題 A が問題 B に $O(n)$ 時間で帰着でき，問題 B を $O(n^2)$ 時間で解くアルゴリズムが存在するとき，（ ③ ）．

問題 A が（ ④ ），（ ⑤ ）の 2 つの条件を満たすとき，その問題 A を NP 完全とよぶ．この NP 完全問題は（ ⑥ ）．

①：a. 入力サイズの多項式に比例する時間で解ける

b. 入力サイズの指数に比例する時間で解ける
   c. クラス NP を含む 　　　　　　d. クラス NP に含まれる
 ②：a. 入力サイズの多項式に比例する時間で解ける
   b. 入力サイズの多項式に比例する時間で解が正しいかどうかを確かめることができる
   c. クラス P を含む 　　　　　　　d. クラス P に含まれる
 ③：a. 問題 A は $O(n^2)$ 時間で解ける　　b. 問題 A は $O(n)$ 時間で解ける
   c. 問題 B は $O(n)$ 時間で解ける　　 d. 問題 A と問題 B の難しさは同じである
 ④：a. 問題 A はクラス P に属する 　　b. 問題 A はクラス NP に属する
   c. 問題 A はクラス P に属さない 　d. 問題 A はクラス NP に属さない
 ⑤：a. 問題 A はクラス NP に属する任意の問題に多項式時間で帰着可能である
   b. 問題 A はクラス P に属する任意の問題に多項式時間で帰着可能である
   c. クラス P に属する任意の問題を多項式時間で問題 A に帰着可能である
   d. クラス NP に属する任意の問題を多項式時間で問題 A に帰着可能である
 ⑥：a. つねに NP 困難問題でもある 　　b. クラス NP に必ず属する
   c. クラス NP に属する問題の中でもっとも難しい問題だと考えられている
   d. 入力サイズの多項式時間で計算できる

13.2 以下のような 2 つの問題について，問題 P_1 は問題 P_2 に $O(n)$ 時間で帰着可能であることを証明せよ．

   問題 P_1 　配列に格納された n 個の整数の最大値を求める問題
   問題 P_2 　配列に格納された n 個の整数の最小値を求める問題

13.3 以下の文章は，停止性判定問題が非可解な問題であることの証明を簡略化したものである．空欄を埋めよ．

   以下のような問題を考える．

   問題 HALT
   入力：プログラム P およびデータ x
   出力：計算 (P, x) が正常終了するなら OK，そうでなければ NO（ここで，計算 (P, x) とは，プログラム P にデータ x を入力として与えたときに実行される計算を表す）．

   このとき，HALT が非可解であることを，背理法により証明する．まず，"HALT を解くプログラム Q が存在する" と仮定する．つまりプログラム Q はプログラム P と入力 x の組 (P, x) を入力とし，（　①　）ならば OK，そうでなければ NO を出力するプログラムである．

   まず，この Q を用いてつぎの性質をもつプログラム Q' を作る．Q' はプログラム P を入力とし，（　②　）ならばプログラム Q' は異常終了し，（　③　）ならばプログラム Q' は正常終了する．このような Q' は Q から簡単に作ることができる．このとき，Q に（　④　）を入力として実行した場合の Q の出力を場合分けして考える．

   ・Q が OK を出力するならば，Q' が Q からできていることより，Q' は（　⑤　）．
   ・Q が NO を出力するならば，Q' が Q からできていることより，Q' は（　⑥　）．

   いずれの場合も Q' の実行結果は Q の定義に矛盾するので，（　⑦　）という最初の仮定が間違っていることがわかる．

さらなる勉強のために

　アルゴリズムに関する書籍は非常に多く出版されており，そのリストをここに列挙しても，どの本を読んでいいか迷ってしまうことだろう．以下では，アルゴリズムに関して本書の内容を補うのに必要十分な文献のみを挙げる．

　本書では，説明を直感的にするためにアルゴリズムの詳細を省略した部分も多い．最初に挙げる以下の3つの文献はアルゴリズムの辞書とでもいうべき本であり，アルゴリズム全般についての網羅的な内容となっている．本書に記述されたアルゴリズムの詳細を知りたい場合や，本書で取り上げた問題についてさらに進んだアルゴリズムを学びたい場合は，これらの本を参考にするとよい．

- T. Cormen, C. Leiserso, R. Rivest, C. Leiserson 著（浅野哲夫，岩野和生，梅尾博司，山下雅史，和田幸一 訳），アルゴリズムイントロダクション（第3版総合版），近代科学社，2013．
- R. Sedgewick 著（野下浩平，星 守，佐藤 創，田口 東 訳），アルゴリズム C（全3巻），近代科学社，1996．（新版も刊行中）
- D. Knuth 著（有澤 誠，和田英一 監修），The Art of Computer Programeming Third Edition 日本語版（全3巻），アスキードワンゴ，2015．

（これらの本は比較的高価な本なので個人で所有するのは難しいかもしれないが，大学などの学術的な図書館には所蔵されているはずである．）

　つぎに，以下の3冊は，大学の情報系学科でアルゴリズムに関する講義を行う場合に，教科書として用いられることの多い本である．本書の記述が簡単すぎてものたりない場合は，これらの本でアルゴリズムを勉強することを勧める．

- 茨木俊秀 著，C によるアルゴリズムとデータ構造，オーム社，2014．
- 平田富夫 著，アルゴリズムとデータ構造（第3版），森北出版，2016．
- 杉原厚吉 著，データ構造とアルゴリズム，共立出版，2001．

　また，本書では，アルゴリズムをプログラミング言語で実装する場合の詳細部分については説明してこなかった．C および Java で本書のアルゴリズムをプログラムとして実装する場合には，以下の本などを参考にプログラムを作成するとよいだろう．

- 奥村晴彦 著，C 言語による最新アルゴリズム辞典，技術評論社，1991．

- 近藤嘉雪 著，定本 C プログラマのためのアルゴリズムとデータ構造，ソフトバンククリエイティブ，1998.
- 柴田望洋, 辻 亮介 著，新・明解 C 言語によるアルゴリズムとデータ構造，ソフトバンククリエイティブ，2011.
- 奥村晴彦 著，Java によるアルゴリズム辞典，技術評論社，2003.
- 近藤嘉雪 著，定本 Java プログラマのためのアルゴリズムとデータ構造，ソフトバンククリエイティブ，2011.
- 柴田望洋 著，明解 Java によるアルゴリズムとデータ構造，ソフトバンククリエイティブ，2007.

最後に，少し高度な内容ではあるが趣の異なる本も紹介しておこう．以下の本では，プログラムを作成する場合に，アルゴリズムを工夫することによってどのような利点があるのかを，大まかな部分から細かい部分までわかりやすく説明してある．内容はアルゴリズムの高度なテクニックについても触れるので，プログラミング初心者の人には少し難しいかもしれないが，講義で使う教科書や参考書などがとっつきにくいと感じる人にはお勧めの一冊である．

- J. Bentley 著(小林健一郎 訳)，珠玉のプログラミング―本質を見抜いたアルゴリズムとデータ構造，丸善出版，2014.

演習問題解答

第1章

1.1 ①：a, c　②：c　③：b　④：b　⑤：b

1.2 以下に2つの解答例としてアルゴリズムA, Bを示すが，アルゴリズムA, Bの時間計算量はそれぞれ$O(n^2)$と$O(n)$である．（詳細省略）

アルゴリズムA
```
d=0;
for (i=1; i<=n; i=i+1) {
  p=1; j=i;
  while (j<n) { p=p*2; j=j+1; }
  d=d+B[i]*p;
}
d を出力;
```

アルゴリズムB
```
d=B[1];
for (i=2; i<=n; i=i+1) {
  d=d*2+B[i];
}
d を出力;
```

1.3 以下に解答の一例を示すが，この例のアルゴリズムの時間計算量は$O(n^3)$である．（詳細省略）
```
for (i=1; i<=n-1; i=i+1) {
  for (j=i+1; j<=n; j=j+1) {
    for (k=1; k<=n; k=k+1) {
      if ((x[i]+x[j]==x[k])かつ(i!=k)かつ(j!=k)) { (x[i],x[j],x[k])を出力; }
    }
  }
}
```

第2章

2.1 ①：a, c　②：a, c, d　③：b, c　④：a, d　⑤：c　⑥：c

2.2 top=-1, left=0, right=0

2.3 (1) 1回目：8，2回目：3，3回目：1，(2) 下図(a)のとおり．

2.4 (1) 1回目：4，2回目：3，3回目：8，(2) 下図(b)のとおり．

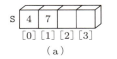
(a)

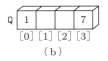
(b)

第3章

3.1 ①：a, c, d　②：a, d　③：d　④：a

3.2 (1) 完全 3 分木のレベルが k の節点の数は 3^k であり,葉はレベルが $h-1$ の節点なので,葉の数は 3^{h-1} となる.また,すべての節点の数は $\sum_{k=0}^{h-1} 3^k = \frac{1}{2}(3^h - 1)$ である.

(2) (1) より高さが h のとき節点数は $\frac{1}{2}(3^h - 1)$ なので,$n = \frac{1}{2}(3^h - 1)$ とおくと,$h = \log_3(2n+1) = O(\log n)$ となる.

3.3 アルゴリズム A の再帰木は高さが $O(\log n)$ の完全 2 分木となり,アルゴリズム B の再帰木は高さが $O(\log n)$ の完全 1 分木(直線状の木)となる(具体的な再帰木は省略).両方の再帰木において各節点の時間計算量は定数なので,アルゴリズムの時間計算量は,アルゴリズム A は $O(n)$,アルゴリズム B は $O(\log n)$ となる.

3.4 (1) 以下のとおり. (2) 下図のとおり.
```
fib(n) {
  if (n<2) { return 1; }
  else { return fib(n-1)+fib(n-2);
       }
}
```

(3) 一般の n に対する (1) のアルゴリズムの再帰木の葉のレベルを考えると,最大のレベルは $n-1$ であり,最小のレベルは $\frac{n}{2} - 1$ より大きい.レベルが $n-1$ の完全 2 分木の頂点数は $2^n - 1$,最大のレベルが $n-1$(つまり高さが n)の完全 2 分木の節点数は $2^n - 1$,最大のレベルが $\frac{n}{2} - 1$(つまり高さが $\frac{n}{2}$)の完全 2 分木の節点数は $2^{\frac{n}{2}} - 1$ なので,(1) のアルゴリズムの再帰木の節点数は $2^{\frac{n}{2}} - 1$ より大きく,$2^n - 1$ より小さい.各節点の時間計算量は定数なので,アルゴリズムの時間計算量は $O(2^n)$ である.

第 4 章

4.1 ①:b   ②:b, c   ③:d   ④:b   ⑤:a, c   ⑥:d

4.2 アルゴリズムは以下のとおり.時間計算量は再帰的でない 2 分探索法のアルゴリズムとほぼ同じ理由で $O(\log n)$ である.
```
bs(D,left,right,x) {
  mid=(left+right)/2;
  if (left>=right) {
    if ((left==right)かつ(D[mid]==x)) { D[mid]を出力しアルゴリズムを終了; }
    else { "xは存在しない"と出力しアルゴリズムを終了; }
  }
  else {
    if (D[mid]==x) { D[mid]を出力しアルゴリズムを終了; }
    else if (D[mid]<x) { bs(D,mid+1,right,x); }
    else { bs(D,left,mid-1,x); }
  }
}
//bs(D,0,n-1,x)と実行することにより入力全体に 2 分探索が実行される.
```

4.3 つぎの図のとおり.

```
H |   |   | 20 | 31 |   | 45 | 42 | 62 | 66 | 70 | 81 | 89 | 44 | 51 |   |
   [0] [1] [2] [3] [4] [5] [6] [7] [8] [9] [10][11][12][13][14][15]
```

第5章

5.1 ①：b　②：c　③：c　④：c　⑤：a　⑥：b　⑦：b

5.2 以下のとおり．
```
for (i=n-2; i>=0; i=i-1) {
  x=D[i]; j=i;                    //D[i]を挿入する値を表す変数xに設定
  while ((D[j+1]<x)かつ(j<n-1)) {  //挿入する値とD[j+1]を比較
    D[j]=D[j+1];                  //D[j+1]のほうが小さければ，値を左にずらす
    j=j+1;
  }
  D[j]=x;
}
```

5.3 (1) 1回目：80，　2回目：68，　3回目：65

(2) 下図のとおり．

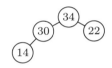

5.4 (1) T[8] のデータを格納する節点の親は，T[4] のデータを格納する節点だが，T[4]=23 のほうが T[8]=27 より小さいので，ヒープを表す配列ではない．

(2) 降順に並んでいる配列では，$i<j$ ならば，T[i]>T[j] なので，各データ T[i] について，その親の頂点のデータ T$\left[\left\lfloor\frac{i}{2}\right\rfloor\right]$ は必ず大きくなる．したがって，データが降順に並んで格納されている配列はヒープを表す配列である．

第6章

6.1 ①：c　②：c　③：a　④：a, b

6.2 基準値は 0 か 1 のどちらかとなるが，どちらの場合でも分割された一方の集合はすべて同じ値となる．同じ値の入力に対しては，関数 partition を用いて分割を行うことができないので，その実行は最悪時間計算量の場合に等しい．したがって，アルゴリズム全体の時間計算量も最悪時間計算量に近い値となる．

6.3 (24, 21, 4, 32, 12, 19, 35, 49, 42, 55)

6.4 アルゴリズム 6.2 を以下のように変更する．
(D[i]<D[right]) → (D[i]>=D[right])
((D[j]>=D[right]) かつ (j>=i)) → ((D[j]<D[right]) かつ (j>=i))

第7章

7.1 ①：c　②：b　③：b　④：a

7.2 (1) $a=3, b=3$

(2) 再帰木は完全 3 分木になる．（詳細省略）

(3) $T(n) = O(n \log_3 n) = O(n \log n)$

7.3 (1) コインを 3 つずつの 3 つのグループに分け，そのうち 2 つのグループを天秤の両端に乗せる．その結果により以下の処理を行う．

- 天秤がどちらかに傾けば，軽いコインが入ってるほうのグループを残す．
- 天秤が傾かなければ，天秤に乗せなかったほうのグループを残す．

残された3つのコインのうち2つを天秤に乗せ，どちらに傾くか，もしくは傾かないかにより軽いコインを判定する．

(2) アルゴリズムは以下のとおり．

```
入力のn個のコインの集合Gを，G1, G2, G3というn/3個ずつの3つのグループに分割；
天秤でG1とG2を比較；
if (G1が軽い) {
    if (G1が1つのコイン) { G1を出力しアルゴリズム終了； }
    else { G=G1としてアルゴリズムを再帰的に実行； }
}
else if (G2が軽い) {
    if (G2が1つのコイン) { G2を出力しアルゴリズム終了； }
    else { G=G2としてアルゴリズムを再帰的に実行； }
}
else {
    if (G3が1つのコイン) { G3を出力しアルゴリズム終了； }
    else { G=G3としてアルゴリズムを再帰的に実行； }
}
```

(3) アルゴリズムの時間計算量を$T(n)$とすると，$Tn = T\left(\frac{n}{3}\right) + c$（$c$は定数）である．この式より，$T(n) = O(\log n)$となる．

第8章

8.1 ①：b　②：b　③：d　④：d

8.2 (1) 各ブロックのキロあたりの価値は以下のとおり．

ブロック1：2/3万円，　ブロック2：1万円，　ブロック3：4/3万円，
ブロック4：5/2万円

したがって，キロあたりの価値の順番は"ブロック4＞ブロック3＞ブロック2＞ブロック1"なので，この順番で袋に入れると，以下のように袋に入れる場合がもっとも価値が高くなる．

ブロック1：入れない，　ブロック2：入れない，　ブロック3：全体の2/3，
ブロック4：全部

(2) 動的計画法のアルゴリズムより，横軸を袋の中の重量，縦軸をそれぞれのブロックとする以下のような表が得られる．

	0	10	20	30	40
ブロック1	(0, φ)	(0, φ)	(0, φ)	(20, {1})	(20, {1})
ブロック2	(0, φ)	(10, {2})	(10, {2})	(20, {1})	(30, {1,2})
ブロック3	(0, φ)	(10, {2})	(10, {2})	(40, {3})	(50, {2,3})
ブロック4	(0, φ)	(10, {2})	(50, {4})	(60, {2,4})	(60, {2,4})

したがって，以下のように袋に入れる場合がもっとも価値が高くなる．

ブロック1：入れない，　ブロック2：入れる，　ブロック3：入れない，
ブロック4：入れる

8.3 (1) 動的計画法を用いると，横軸が時間，縦軸が4つのアルバイトとなる以下のような表が得られる（時間は偶数のみとし，金額の単位は百円とする）．

	0	2	4	6	8	10	12
1	$(0, \phi)$	$(0, \phi)$	$(0, \phi)$	$(0, \phi)$	$(0, \phi)$	$(5, \{1\})$	$(5, \{1\})$
2	$(0, \phi)$	$(0, \phi)$	$(0, \phi)$	$(0, \phi)$	$(7, \{2\})$	$(7, \{2\})$	$(7, \{2\})$
3	$(0, \phi)$	$(0, \phi)$	$(15, \{3\})$	$(15, \{3\})$	$(15, \{3\})$	$(15, \{3\})$	$(22, \{2,3\})$
4	$(0, \phi)$	$(0, \phi)$	$(15, \{3\})$	$(15, \{3\})$	$(15, \{3\})$	$(25, \{3,4\})$	$(25, \{3,4\})$

したがって，③，④のアルバイトをする場合がもっともお金を稼ぐことができる．

(2) この問題は，各時刻でできるアルバイトのうち，アルバイトの終了時間がもっとも早いものを選ぶというグリーディ法のアルゴリズムで最適な解が得られる．したがって，②，④，⑧，⑩のアルバイトをすることにより，もっともお金を稼ぐことができる．

第9章

9.1 ①：a ②：b ③：a, c

9.2 以下のとおり．ただし，i 番目の荷物の重さ w_i は `w[i]` で表されるものとする．

```
BT_packing(level) {
  if (level>n) {
    sum=0; flag=0;
    for (i=1; i<=3; i=i+1) {
      for (j=1; j<=n; j=j+1) {
        if (Z[j]==i) { Y[j]=1; } else { Y[j]=0; }
        sum=sum+Y[j]*w[j];
      }
      if (sum>W) { flag=1; }
    }
    if (flag==0) { Z[1], Z[2], ... , Z[n]を出力し，アルゴリズムを終了; }
  }
  else {
    Z[level]=1; BT_packing(level+1); //荷物を1つめの袋に入れる場合
    Z[level]=2; BT_packing(level+1); //荷物を2つめの袋に入れる場合
    Z[level]=3; BT_packing(level+1); //荷物を3つめの袋に入れる場合
  }
  if (level==1) "条件を満たす荷物の入れ方が存在しない"と出力;
}
//BT_packing(1)と指定して実行することにより問題の解が求められる．
```

9.3 以下のような列挙木により，③と⑤を選んだときに 8 kg になることがわかる．

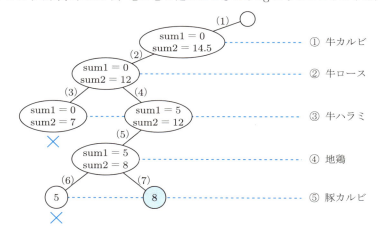

9.4 以下のような列挙木より，絵1と絵2を入れたときに価値が最大になることがわかる．

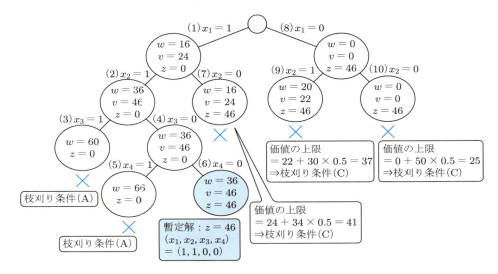

第10章

10.1 ①：b ②：c, d ③：a ④：b, ⑤：a

10.2 以下のとおり．なお，C[i] は頂点 v_i が調査済みか否かを表す配列であり，すべての頂点 v_i について，C[i]=0 と初期化されているものとする．

```
dfs(v[i]) {
  C[i]=1;
  v[i]に隣接するすべての頂点v[k]について以下を実行する；
    if (C[k]==0) dfs(v[k]);
}
```

10.3 以下の図(a)と図(b)が，それぞれ幅優先探索と深さ優先探索の実行結果を表している．

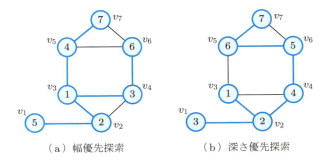

（a）幅優先探索　　　（b）深さ優先探索

10.4 (1)，(2) 以下の図のとおり．

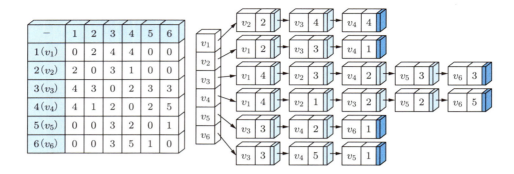

(3) 各頂点までの距離は右表のとおり．

d_1	d_2	d_3	d_4	d_5	d_6
0	2	4	3	5	6

10.5 たとえば，演習問題 10.4 の図 10.10 のグラフの辺 (v_3, v_4) の重みを -2 に変更したグラフは，ダイクストラ法では頂点 v_4 への最短経路の長さは 3 となるが，実際の最短経路は長さ 2 の (v_1, v_3, v_4) である．

第 11 章

11.1 ①：b　②：a　③：c　④：a

11.2 以下のとおり（関数の 2 番目の引数 k は，A[k] から A[n] までが入力の係数であることを表す）．

```
honor(A,k,x) {
  if (k==n) return A[n];
  return honor(A,k+1,x)*x+A[k];
} //honor(A,0,x)として実行する．
```

11.3 動的計画法を用いたアルゴリズムで計算すると，右表が得られ，最小の計算時間は 3700 であることがわかる．

-	1	2	3	4
1	0	1200	2800	3700
2	-	0	1600	2800
3	-	-	0	6000
4	-	-	-	0

第 12 章

12.1 ①：a, d　②：d　③：a　④：b, c　⑤：a　⑥：c　⑦：d

12.2 S[t]=8, S[h]=7, S[e]=4, S[r]=1, S[f]=3, S[o]=2

12.3 L[t] = 0, L[h] = 1, L[e] = 8, L[r] = 7, L[f] = 5, L[o] = 6

12.4 S[0] = S[1] = S[2] = S[3] = S[4] = S[5]=9, S[6] = 4, S[7] = 4, S[8] = 1

12.5 1 回目の照合では，パターンの最後の "e" とテキストの 9 文字目の "i" が比較され不一致が起こり，1 つ目のアイデアにより，パターンが 9 文字分右にずらされる（比較回数 1 回）．

2 回目の照合でも，同じようにパターンの最後の "e" とテキストの 18 文字目の "i" が比較され不一致が起こり，1 つ目のアイデアにより，パターンが 9 文字分右にずらされる（比較回数 1 回）．

3 回目の照合では，パターンの最後の "re" とテキストの 26, 27 文字目の "re" が一致するが，パターンの "o" とテキストの 25 文字目の "e" が不一致となり，2 つ目のアイデアにより，パターンが 4 文字分右にずらされる（比較回数 3 回）．

4 回目の照合でパターンとテキストが一致する（比較回数 9 回）．

以上より合計の比較回数は，$1+1+3+9=14$ である．

第 13 章

13.1 ①：a, d　②：b, c　③：a　④：b　⑤：d　⑥：a, b, c

13.2 以下のような帰着により，問題 P_1 は問題 P_2 に $O(n)$ 時間で帰着可能である．
"問題 P_1 の入力の各整数に -1 を掛けて問題 P_2 の入力とし，問題 P_2 を解く．得られた問題 P_2 の出力に対して -1 を掛けた値が問題 P_1 の出力である．"

13.3 ① 計算 (P, x) が正常終了する　② 計算 (P, P) が正常終了する　③ 計算 (P, P) が異常終了する　④ (Q', Q')　⑤ 異常終了する　⑥ 正常終了する　⑦ 問題 HALT を解くプログラム Q が存在する

索引

英数先頭

0-1 ナップサック問題　88, 105, 161
1 次元配列　13
2 分木　26
2 分探索法　38, 46
delete_maximum　54, 57
dequeue　20
enqueue　20
FIFO　18
for 文　9
if 文　9
k 分木　26
LIFO　18
NP 完全　161
NP 困難　161
null　15
O　7
$O(1)$　7
pop　18
push　18
push_heap　54, 55
while 文　9

あ 行

アルゴリズム　1
アルゴリズムの基本要素　13
アルゴリズムの評価基準　3
安定なソート　72
枝刈り　103
エンキュー　20
オーダ記法　7
親　26

か 行

外部ハッシュ法　45
還元　158
関数　9
関数 merge　80
関数 partition　64, 65
完全 2 分木　26
完全 k 分木　26
木　25
基準値　62
帰着　158
木の高さ　26
基本演算　8
キュー　20
行列積　129
行列の連続積　130, 131
近似解　157
クイックソート　62, 75
組合せ　75
クラス NP　157
クラス P　157
クラス階層　156
グラフ　112
グラフの探索　115
グリーディ法　86
計算不能問題　165
経路　26, 113
限定操作　103
子　26
コインの両替問題　87
降順　53
コメント　10

さ 行

最悪時間計算量　6
再帰　29
再帰アルゴリズム　29, 63, 136
再帰木　31, 68
再帰の深さ　31
最短経路問題　120
最良時間計算量　5
時間計算量　5
始点　113
充足可能性問題　162
終点　113
巡回セールスマン問題　162
昇順　53
推移則　49
スタック　18
ストラッセンの行列積アルゴリズム　135
整数の掛け算　76
節点　25
漸化式　29
漸近的な時間計算量　7
線形探索　37
全順序関係　49
選択ソート　49
挿入ソート　51
ソート　48

た 行

ダイクストラ法　121
代入　8
多項式　127, 157
多項式時間で帰着可能　160
探索　36
頂点　113
停止性判定問題　163
定数時間　7
テキスト　140

デキュー　20
データ格納場所　15
データ構造　13
デリートマキシマム　54
統治　75
動的計画法　90, 128, 130, 133
動的ハッシュ法　45
貪欲法　86

な 行

内部節点　26
内部ハッシュ法　45
ナップサック問題　88
根　26

は 行

葉　26
配列　13, 28, 42
パターン　140
バックトラック法　100
ハッシュ関数　42
ハッシュ法　41, 46
幅優先探索　116
幅優先探索木　116
ハミルトン経路問題　162

反射則　49
反対称則　49
非可解な問題　165
比較可能性　49
非決定性多項式　157
ヒープ　28, 54
ヒープソート　54, 59
ピボット　62
深さ優先探索　118
プッシュ　18
プッシュヒープ　54
不定方程式　165
部分和問題　100, 159, 161
分割　75
分割統治法　74, 132, 136
分割ナップサック問題　88
分割問題　159
分枝限定法　103
平均時間計算量　6
べき乗　91
辺　25, 113
ボイヤー－ムーア法　145
ポインタ　15
ポップ　18
ホーナーの方法　128
ホールスプールのアルゴリズム　142

ま 行

マージ操作　80
マージソート　79
右手法　100
文字列照合　139, 140
問題のクラス　156
問題の複雑さ　155

や 行

有向グラフ　113
有向辺　113
優先順位　54

ら 行

領域計算量　6
隣接　113
隣接行列　114
隣接リスト　115
レコード　15
列挙　100
列挙木　100
レベル　26
連結リスト　15
論理式　162

著者略歴
藤原　暁宏（ふじわら・あきひろ）
　1993 年　大阪大学基礎工学部情報工学科卒業
　1997 年　奈良先端科学技術大学院大学情報科学研究科博士後期課程修了
　1997 年　九州工業大学情報工学部電子情報工学科講師
　2000 年　九州工業大学情報工学部電子情報工学科助教授（2007 年より准教授）
　2013 年　九州工業大学大学院情報工学研究院電子情報工学研究系教授
　2019 年　九州工業大学大学院情報工学研究院情報・通信工学研究系教授
　　　　　現在に至る
　　　　　博士（工学）
　　研究分野
　　　並列分散アルゴリズム，ナチュラルコンピューティング，
　　　ネットワークアルゴリズム

編集担当　加藤義之（森北出版）
編集責任　石田昇司（森北出版）
組　　版　アベノ／プレイン
印　　刷　シナノ印刷
製　　本　同

情報工学レクチャーシリーズ
アルゴリズムとデータ構造　第 2 版　　　　　　　© 藤原暁宏　2016
2006 年 11 月 7 日　第 1 版第 1 刷発行　　【本書の無断転載を禁ず】
2016 年 2 月 18 日　第 1 版第 11 刷発行
2016 年 5 月 26 日　第 2 版第 1 刷発行
2025 年 2 月 10 日　第 2 版第 10 刷発行

著　　者　藤原暁宏
発行者　　森北博巳
発行所　　森北出版株式会社
　　　　　東京都千代田区富士見 1-4-11（〒102-0071）
　　　　　電話 03-3265-8341／FAX 03-3264-8709
　　　　　https://www.morikita.co.jp/
　　　　　日本書籍出版協会・自然科学書協会　会員
　　　　　JCOPY　<（一社）出版者著作権管理機構　委託出版物>

落丁・乱丁本はお取替えいたします.
Printed in Japan／ISBN978-4-627-81022-8